KB217984

안녕하세요,
성령님!

안녕하세요,
성령님!

베니 힌 지음
안준호 옮김

♙ 사람의집

일러두기
• 이 책에 나오는 성경 구절은 재단 법인 대한성서공회에서 발행한 『새번역 성경』에서 인용하
  였습니다.

이 책은 실로 꿰매어 제본하는 정통적인 사철 방식으로 만들어졌습니다.
사철 방식으로 제본된 책은 오랫동안 보관해도 손상되지 않습니다.

내 삶의 이유가 되시는 성령님께, 그리고 주님과 동행하며, 현 세대에 이야기를 전할 내 딸 제시카와 내터샤에게 이 책을 바칩니다.

차례

1

당신을
정말
알수있나요

1973년 크리스마스가 다가오기 3일 전이었습니다. 태양은 토론토의 차갑고 음산한 겨울 속에서 떠오르고 있었습니다.

그분이 바로 거기 계셨습니다. 성령님께서 내 방으로 들어오신 것입니다. 그날 아침 그분이 계셨던 것은 지금 여러분이 이 책을 보고 있는 것이 사실이듯 내게도 사실 그대로였습니다.

믿어지지 않는 얘기일 테지만 여덟 시간 동안이나 나는 성령님과 함께 있었습니다. 나의 삶과 인생의 여정이 바뀌는 순간이었습니다. 성령님께서 성경에 대한 나의 질문에 모두 답변해 주셨을 때, 나의 뺨에는 놀라움과 기쁨의 눈물이 흘러내리고 있었습니다.

내 방이 천국의 한 부분으로 변화된 것 같았으며, 나는 그곳에 영원토록 머물고 싶었습니다. 당시 나는 스물한 살을 갓 넘긴 나이였고, 성령님의 방문은 그때까지 내가 받았던 어떤 생일 선물이나 크리스마스 선물과는 비길 수 없는 것이었습니다.

건넛방에는 어머니와 아버지가 계셨으나 그분들은 아마도

아들 베니에게 어떤 일이 일어났는지 전혀 모르고 계셨을 것입니다. 사실 그분들이 내게 어떤 일이 일어났는지를 아셨다면 우리 가족 사이에 이미 잠재하고 있던 위험 수위의 긴장들이 폭발했을지 모릅니다. 최근 2년 동안 —— 내 삶을 예수님께 드린 날부터 —— 부모님과 나 사이에는 거의 대화가 없었습니다. 아주 견디기 힘든 상태였습니다. 이스라엘에서 건너온 이민 가족의 자손으로서 가족의 전통을 깬 나 스스로도 참으로 죄스러운 노릇이었습니다. 나의 삶에 이처럼 곤혹스러운 일은 그때까지 없었습니다.

그러나 내 방은 정말 말할 수 없는 기쁨으로 충만해 있었습니다. 정말로 그것은 영광으로 가득 찬 것이었습니다. 만일 48시간 전에 여러분이 내게 성령의 체험을 물어보았다면 나는 완전히 그러한 것들을 부인했을 것입니다. 그러나 바로 그때 성령님은 멀리 계신 것이 아니었습니다. 내 생활 속에서 삼위일체 하나님의 제3위 인격으로 실재하셨으며, 아주 가까이 계셨고, 매우 독특하셨습니다.

나는 지금 여러분과 같이 그분에 대해 알기를 원합니다.

형제 여러분, 여러분이 이전에 상상했던 모든 것보다 뛰어나신 성령님과 개인적인 관계를 원한다면 이 책을 계속 읽어주길 바라며, 그렇지 않다면 그냥 덮어도 상관없습니다! 왜냐하면 나는 여러분의 영적 생활을 변화시키고 싶으니까요.

여러분에게도 그와 같은 일이 갑자기 일어날 것입니다. 아마 이 책을 읽고 있는 동안에, 기도하고 있는 동안에, 아니면 일하러 가는 도중에 일어날지도 모릅니다. 성령님께서도 여러분의 초대를 기다리고 계십니다. 그분은 여러분의 가장 친한 친구가 되시고, 여러분의 인도자가 되시고, 여러분을 위로하시며, 일생 동안 여러분의 동행이 되실 것입니다.

그분과 만나게 되면 여러분은 나에게 〈베니, 내 삶 속에 성령님께서 함께하신다는 사실을 당신에게 말해 주고 싶소〉라고 말할 것입니다.

하나님의 능력이 나타나다

피츠버그에서의 짧은 밤

교회에서 만난 친구인 감리교 목사 짐 포인터가 어느 날 전세 버스로 펜실베이니아주의 피츠버그에 같이 가자고 내게 제의했습니다. 세계적 신앙 요법의 부흥사 캐서린 쿨먼 여사를 만나기 위해 단체로 그곳에 간다는 것이었습니다.

솔직히 말해서 나는 그녀의 복음 사역에 대하여 자세히 알지 못했습니다. 언젠가 TV에서 그녀를 한 번 본 듯하였지만 별 관심은 없었습니다. 그저 그녀가 재미있게 말하고 조금 이상해 보인다고 생각했을 뿐 별로 기대하지는 않았습니다.

그러나 짐을 실망시키고 싶지 않았기에 나는 같이 가기로 했습니다.

버스에서 내가 말했습니다.「짐, 우리 아버지한테서 이 여행을 허락받느라고 얼마나 힘들었는지 넌 모를 거야.」내가 변한 후 부모님은 나를 교회에 못 나가게 하려고 온갖 방법을 쓰고 있었습니다. 그런데 피츠버그 여행이라니? 거의 기대할 수도 없던 일인데 아무튼 억지로 허락을 받아 낸 것입니다.

우리는 목요일 아침 늦게 토론토에서 출발했습니다. 그런데 갑작스러운 눈보라가 일면서 보통 일곱 시간이면 될 여행이 지체되었고, 우리는 다음 날 새벽 1시경에야 겨우 호텔에 도착할 수 있었습니다. 갑자기 짐이 말했습니다.「베니, 5시에는 일어나야 해.」

「새벽 5시에? 무엇 때문에?」나는 반문하였습니다.

「6시까지 교회에 도착하지 않으면 자리 잡기가 힘들 거야.」

그 추운 날, 해가 돋기 전에 교회에 가서, 그것도 밖에서 기다려야만 한다고 하면 누가 순순히 그러겠다고 하겠습니까? 그러나 짐은 꼭 그렇게 해야 한다고 나를 설득했습니다.

아주 추운 날이었습니다. 새벽 5시에 일어나 옷을 닥치는 대로 껴입은 내 모습이 꼭 이누이트 같았습니다.

우리가 피츠버그 시내의 제일 장로교회에 도착하였을 때에도 날은 여전히 컴컴했습니다. 그런데 놀랍게도 문이 열리려면 아직 두 시간이나 더 있어야 하는데 그곳에는 벌써 수백 명이 장사진을 이루고 있었습니다. 나는 체구가 작아 사람들 틈새를 헤집고 문 쪽으로 조금씩 가까이 갈 수가 있었습니다. 짐도 내 뒤에 바짝 붙어 갔습니다. 교회 계단에서 자는 사람들도 있었습니다. 한 여자가 〈저 사람들은 밤새도록 여기 있었어요. 매주 이렇답니다〉 하고 내게 말했습니다.

그런데 그때 갑자기 내 온몸이 떨리기 시작하는데 마치 누가 어깨를 잡고 막 흔드는 것 같았습니다.

처음에 나는 공기가 차서 몸이 떨리는 것이라 생각했습니다. 하지만 옷을 따뜻하게 껴입고 있었으므로 확실히 추운 것은 아니었습니다. 분명 억제할 수 없는 어떤 떨림이 엄습했던 것입니다.

그것은 내가 전혀 경험해 보지 못한 일이었습니다. 그리고 그 떨림은 멈추지 않았습니다. 너무나 당황해서 짐에게 말할 수도 없었지만, 뼛속까지 덜덜 떨리는 게 무릎으로도 느껴졌습니다. 내게 무슨 일이 일어난 거지? 나는 기이하게 여기며 중얼거렸습니다. 이것이 하나님의 능력일까? 나는 알 수 없었습니다.

교회 안으로 돌진

교회 문이 열릴 즈음 밖에 모였던 군중은 내가 발을 옮길 수도 없을 만큼 밀려들기 시작했습니다. 떨림은 아직도 멈추지 않았습니다.

짐이 말했습니다. 「베니, 문이 열리면 힘껏 뛰어야 해.」

「왜?」 내가 물었습니다.

「만약 뛰지 않으면, 사람들이 너를 밟고 지나갈 거야.」 짐은 경험이 있었기에 잘 알고 있었습니다.

처음엔 교회 안으로 뛰어들어 갈 생각 같은 건 없었는데 문이 열리자마자 나는 나이 든 여자나 젊은 남자 할 것 없이 모두 제치고 올림픽 단거리 육상 선수처럼 달려서 첫째 줄에 앉으려 했습니다. 그러나 안내원이 첫째 줄은 예약된 좌석이라고 말했습니다. 나중에 알게 되었지만, 쿨먼 여사 일행이 선택한 사람만 첫째 줄에 앉을 수 있었습니다. 그녀는 성령님에게 아주 민감한 사람이라 자신의 바로 앞에는 오직 열렬한 기도의 지지자들만 앉아 있기를 원했던 것입니다.

나는 말더듬이인 내가 안내원에게 아무리 사정해도 소용이 없을 것이라고 생각했습니다. 둘째 줄은 이미 차버려서 짐과 나는 셋째 줄에 끼어들 수밖에 없었습니다.

예배 시작까지는 아직도 한 시간 이상 족히 기다려야 했으므로 나는 장갑, 외투, 장화 따위를 벗었습니다. 긴장이 풀리자 아까보다 몸이 더 떨리고 있음을 알아차렸지만 어찌할 수가 없었습니다. 마치 진동하는 기계에 붙어 있는 것처럼 떨림이 팔과 다리로 퍼져 가고 있었습니다. 그런 경험은 처음이라서 솔직히 두렵기까지 했습니다.

오르간이 연주될 때도 신경은 온통 몸의 떨림에 쏠려 있었습니다. 몸이 아플 때 느끼는 〈오한〉은 아니었습니다. 마치 독감에 걸렸을 때처럼 말입니다. 그러나 그 떨림은 오래 지속될수록 점점 더 믿어지지 않았습니다. 그것은 결코 물리적인 신체 현상이라고는 볼 수 없는 아주 이상한 느낌이었습니다.

그때 갑자기 쿨먼 여사가 나타났고 교회 안의 분위기가 완전히 바뀌었습니다. 무슨 일이 일어날지 알 수가 없었습니다. 나는 주위에서 아무것도 느낄 수 없었습니다. 어떤 목소리도, 하늘 천사들의 노랫소리도, 그 어떤 것도 느낄 수 없었습니다. 알 수 있는 것은 내가 세 시간 동안 계속해서 떨고 있었다는 사실뿐이었습니다.

막 찬송이 울려 퍼지기 시작했을 때 나는 전혀 예기치 못했던 나 자신을 발견하였습니다. 나는 어느새 벌떡 일어서서 두 손을 높이 치켜들고 있었습니다. 「주 하나님 지으신 모든 세계」를 찬양할 때는 눈물이 흘러 온통 얼굴을 적시었습니다.

주체할 수 없을 정도로 감정이 폭발하고 있었습니다. 전에 없던 눈물이 펑펑 솟구쳐 올랐습니다. 참으로 황홀하고 장엄하며 영광스러운 느낌이었습니다.

보통 때 교회에서 했던 것과는 다르게 내 몸 전체로 찬양하고 있었습니다. 〈주님의 높고 위대하심을 내 영혼이 찬양하네〉 하는 구절에 이르렀을 때는 말 그대로 나의 영혼으로부터 찬양하고 있었습니다.

찬양하는 동안 나는 성령님 안에서 움직이고 있었으며 내 몸의 떨림은 완전히 멈추어 있음을 깨달았습니다.

그러나 예배는 계속 진행되고 있었습니다. 나는 휴거라도 된 듯한 느낌이었습니다. 내 생애에 그렇게 예배를 드린 적이 없었고, 그곳에 모인 모든 사람이 다 그렇게 느꼈는지는 모르지만, 마치 영적 진리가 아주 가까이에서 느껴지는 듯했습니다.

나의 젊은 시절에 겪은 신앙 체험들 가운데 하나님의 임재를 그날처럼 가깝게 몸으로 느껴 본 적은 없었습니다.

파도처럼

나는 거기 서 있는 채로 주님께 예배를 드리고 있었습니다. 순간 뭔가 시원한 느낌이 있어서 눈을 뜨고 주위를 살펴보았습니다. 어디에서 불어오는지 모르지만 그것은 아주 천천히 부드럽게, 마치 시원한 미풍처럼 불어왔습니다.

채색된 교회 유리창들을 둘러보았습니다. 창문은 모두 닫혀 있었으며 그런 시원한 바람이 들어오기에는 너무 높이 달린 것 같았습니다.

그런데도 그 이상하고 시원한 미풍은 파도처럼 밀려오고 있었습니다. 마치 한 팔 아래로 내려가더니 다른 팔 위로 스쳐 지나가는 것처럼 느껴졌습니다.

무슨 일이 일어난 것일까요? 내가 그 순간 느낀 것을 누군가에게 용감하게 이야기했다면 그들은 아마 내 머리가 돌았다고 생각했을 겁니다.

그러한 바람의 물결은 한 10분 동안 나를 씻어 주고 지나갔습니다. 그것은 마치 누군가가 아주 부드럽고 따뜻한 담요로 내 온몸을 감싸 주는 것 같은 느낌이었습니다.

쿨먼 여사가 회중에게 설교를 시작했습니다. 나는 성령 안에서 환희를 누리고 있었기에 설교가 어찌 되어 가는지는 관심 밖이었습니다. 주님이 내게 이처럼 가깝게 느껴진 적이 없었기 때문입니다.

나는 주님과 대화를 나누고 싶었습니다. 그래서 속삭였습니다. 「예수님, 저에게 긍휼을 베풀어 주소서.」

「오 주님, 저에게 긍휼을 베풀어 주소서.」 나는 재차 말했습니다.

아주 귀한 순간이었습니다.

이사야 선지자가 주님을 대하고 있을 때와 같다고 생각했습니다.

나는 부르짖었다. 〈재앙이 나에게 닥치겠구나! 이제 나는 죽게 되었구나! 나는 입술이 부정한 사람인데, 입술이 부정한 백성 가운데 살고 있으면서, 왕이신 만군의 주님을 만나 뵙다니!〉(이사야 6장 5절)

누구든 그리스도를 뵈었을 때는 이와 똑같은 일이 일어납니다. 그들은 즉시 자신의 부정함을 보고 깨끗하게 되기를 원합니다. 바로 그런 일이 내게도 일어난 것입니다. 마치 커다란 스포트라이트가 나를 똑바로 비추고 있어 나의 연약함과 잘못과 죄를 밝히 드러내 주는 것 같았습니다.

나는 계속해서 말씀드렸습니다. 「오 예수님, 저에게 긍휼을 베풀어 주소서.」

그때 주님의 목소리가 들렸습니다. 그것은 아주 부드러웠지만 틀림없는 그분의 음성이었습니다. 「너에게 나의 긍휼이 넘칠지어다.」

그전까지 나의 기도 생활은 평범한 크리스천의 수준에 지나지 않았습니다. 그러나 바로 그 순간엔 내가 주님께 이야기하고 있을 뿐만 아니라, 주님께서도 나에게 말씀하고 계셨습니다. 오, 얼마나 기쁜 주님과의 교제였는지 모릅니다!

피츠버그 제일 장로교회의 셋째 줄 한구석에서 일어났던 그때 그 일이 하나님께서 계획하신 나의 장래의 극히 일부분에 지나지 않았다는 사실을 나는 미처 깨닫지 못하고 있었습니다.

〈너에게 나의 긍휼이 넘칠지어다〉라는 주님의 말씀이 계속 나의 귓전에 울리고 있었습니다. 나는 엎드려서 울고 또 울고 계속 흐느낄 수밖에 없었습니다. 지금 체험하고 있는 이것은 내 삶 속에서 세상의 어느 것과도 비교할 수 없다는 느낌이었습니다. 무엇과도 비교할 수 없을 정도로 이미 나는 성령님에 의해 변화되었고 성령으로 충만해 있었습니다. 핵폭탄이 피츠버그에 떨어져 온 세상이 날아간다 해도 나와는 상관없는 듯하였습니다. 순간 나의 처지가 성경 한 구절에 나타난 말씀과도 같이 느껴졌습니다. 「그리하면 사람의 헤아림을 뛰어넘는 하나님의 평화가 여러분의 마음과 생각을 그리스도 예수 안에서 지켜 줄 것입니다.」(빌립보서 4장 7절)

세 시간 동안 쿨먼 여사 부흥회에서 일어났던 이적들에 대해서는 짐이 나중에 이야기해 주었지만 나는 희미하게 기억할 뿐이었습니다. 청각 장애인이었던 사람이 갑자기 듣게 되고, 한 여자는 휠체어에서 일어나 걸었고, 수많은 환자의 암, 종양,

관절염, 두통 따위가 치유되었으며, 여사에 대해 몹시 나쁘게 말하던 비평가들조차 이 집회에서의 신앙 요법이 하나님의 능력이었음을 인정하였다고 했습니다.

집회는 길었지만 순조롭게 진행된 것 같았습니다. 내 생애에서 그때처럼 하나님의 능력에 의해서 충만되고 그것을 몸으로 느껴 본 적은 없었습니다.

무엇이 그녀를 울게 했을까

예배는 계속되었습니다. 나는 조용히 기도드렸고 모든 것은 정지되어 있는 것처럼 느껴졌습니다. 나는 생각했습니다. 〈주님, 제발 이 예배가 끝나지 않게 해주세요.〉

나는 쿨먼 여사가 손으로 얼굴을 가리고 울기 시작하는 것을 쳐다보았습니다. 그녀가 점점 크게 계속 흐느꼈기 때문에 모든 것이 중단되고 말았습니다. 음악도 멈췄고 안내인도 제자리에 얼어붙은 듯했습니다.

모든 시선이 그녀에게로 집중되었습니다. 나의 경험으로도 왜 그녀가 흐느꼈는지 알 수가 없었습니다. 지금껏 이런 광경은 본 적이 없었습니다. 무엇이 그녀를 울게 했을까요? 나중에 안 일이지만, 그전에는 이런 일이 없었다고 그녀의 일행 가운데 한 사람이 전했습니다.

한 2분 정도 흐른 것 같았습니다. 내 바로 2, 3미터 앞에는 그녀가 서서히 고개를 들며 서 있었는데 그녀의 눈에서 불꽃이 튀는 듯했습니다. 그녀는 생기에 차 있었습니다.

전에 누구에게서도 보지 못했던 담대함이 그녀에게 있었습니다. 그녀는 대단한 힘과 열정, 심지어 고통마저 실은 채 손가락으로 앞을 가리켰습니다. 만일 마귀가 그 자리에 있었다면 그녀의 손가락 하나에 튕겨 나갔을 것입니다.

정말 믿을 수 없는 순간이었습니다. 그녀는 흐느끼며 청중을 향해 고뇌에 찬 목소리로 간청하고 있었습니다. 「제발.」 그녀는 말을 토해 내는 듯했습니다. 「제발, 성령님을 근심시키지 마세요.」

그녀는 마치 강도에게 자신의 아기를 죽이지 말라고 당부하는 어머니 같은 심정으로 청중을 향해 간곡히 부탁하고 있었습니다.

「제발, 성령님을 근심시키지 마십시오.」 그녀는 흐느꼈습니다.

나는 지금도 그녀의 눈을 볼 수 있습니다. 그것은 마치 나를 똑바로 보는 듯했습니다.

그리고 그녀가 그 말을 했을 때는 핀 하나 떨어지는 소리까지도 들렸을 것입니다. 나는 숨조차 쉴 수 없을 지경이었고 근육도 뻣뻣하게 굳어 버린 것 같았습니다. 다음에는 어떤 일이 일어날까 하는 조바심에 나는 앞좌석을 꽉 붙들고 있었습니다.

그녀는 말하기 시작했습니다. 「여러분, 이해하지 못하시겠어요? 그분은 저의 모든 것입니다.」

〈도대체 무슨 말을 하고 있는 거지?〉 나는 생각했습니다.

그녀는 계속해서 감동 어린 목소리로 간청했습니다. 「제발, 그분에게 상처를 주지 마세요. 그분은 저의 전부입니다. 제가 사랑하는 그분에게 상처를 주지 마세요.」

나는 그 말들을 결코 잊을 수가 없습니다. 나는 아직도 그녀가 말할 때 얼마나 숨을 죽이며 강조하고 있었는지를 기억할 수가 있습니다.

내가 다니는 교회의 목사도 성령님에 대해 이야기할 때가 있었지만 이렇지는 않았습니다. 성령님은 은사나 방언이나 예언 같은 것과 어떤 관계를 가지고 계신 분이었을 뿐, 〈나와 가장 친밀하고 가장 개성적이고 가장 친근하고 가장 사랑하는 친구〉라고 배운 적은 없었습니다. 캐서린 쿨먼 여사는 여러분이나 나보다 더 실제적인 분에 관하여 나에게 이야기하고 있었습니다. 그녀는 긴 손가락으로 나를 가리키며 아주 명확하게 말했습니다. 「그분은 이 세상의 다른 어떤 것보다도 더 실제적이십니다.」

나도 성령님의 능력을 체험해야겠다

그녀가 나를 쳐다보며 그러한 말을 하고 있을 때 내 안에서는 뭔가가 나를 충동질하고 있었습니다. 나는 울먹이며 말했습니다. 「나도 성령님의 능력을 체험해야만 되겠어.」

지금 생각해 보면 솔직히 그 집회에 참석했던 모든 사람이 그렇게 느꼈으리라 여겨집니다. 그러나 하나님께서는 각각의 사람을 아주 개별적으로 다루시기에 나는 그 집회가 바로 나를 위한 것이었다고 믿습니다.

당시 예수님을 영접한 지 얼마 되지 않은 신자였던 나는 그 집회에서 일어났던 일을 이해하기가 어려웠으나 그때의 사실과 내가 느꼈던 그 능력은 부인할 수가 없습니다.

집회가 막바지에 이르렀을 즈음 내가 다시 그 부흥사를 쳐다보았을 때 그녀의 머리 위와 주위에서 뿌연 안개 같은 것이 보였습니다. 처음에는 내 눈에 약간 이상이 생긴 줄로 여겼습니다. 그러나 그것은 실제로 거기에 있었습니다. 그녀의 얼굴은 그 안개 속에서 불빛처럼 빛나고 있었습니다.

나는 한순간도 하나님께서 쿨먼 여사를 영화롭게 하려 하셨다고는 믿지 않습니다. 다만 하나님께서 당신의 능력을 내게 나타내시기 위해 그 집회를 사용하셨다고 믿습니다.

집회가 끝났을 때 회중들은 밖으로 나가기 시작했지만 나는 움직이기가 싫었습니다. 들어올 땐 정신없이 뛰어왔지만, 집회가 끝났을 땐 조용히 앉아 그 현장에서 일어났던 일을 다시 생각해 보고 싶을 뿐이었습니다.

당시에는 그러한 일이 나의 생활에 어떤 변화를 가져다주리라고는 생각하지 않았습니다. 그러나 집에 돌아와서도 그 충격은 계속되고 있음을 알았습니다.

당시 나의 자아상은 말더듬증 때문에 상당히 허물어진 상태였습니다. 그것 때문에 가톨릭 학교를 다니던 어린 시절에는 아무도 나에게 말을 걸지 않았고 나는 항상 외톨이로 지내야 했습니다.

크리스천이 된 후에도 겨우 몇몇 친구만을 사귈 수 있었습니다. 대화가 잘 안 되는 마당에 어떻게 새로운 친구를 사귈 수 있었겠습니까?

그래서 피츠버그에서 체험한 것이 사라지지 않기를 바랄 뿐이었습니다. 예수님만이 내 생활의 전부였습니다. 다른 것은 아무 의미도 없었습니다. 나에게는 밝은 미래도 없었고 내 가족들은 실제로 내게 큰 기대를 걸고 있지 않았습니다. 그들이 나를 사랑한다는 것은 알았지만, 주님께 헌신하겠다는 나의 결정은 가족과의 사이를 너무나 크게 벌려 놓고 말았습니다.

나는 계속 집회 장소에 남아 있고 싶었습니다. 어느 누가 천국에 가보고는 다시 지옥에 가길 원하겠습니까?

그러나 선택의 여지는 없었습니다. 버스는 기다리고 있었고 나는 돌아가야만 했습니다. 마지막으로 그 교회 앞에 잠시 서서 생각했습니다. 〈그녀가 말한 뜻이 도대체 무엇일까? 성령님에 대한 그녀의 말은 무슨 의미일까?〉

토론토로 돌아오는 동안에도 나는 계속 생각했습니다. 〈그녀의 말이 무엇을 뜻하는지 도무지 모르겠어.〉

버스 안에서 몇 사람에게 물어 보았지만 그들 역시 이해하지 못했으므로 내게 대답해 주지 못했습니다.

말할 것도 없이, 집에 도착했을 때 나는 완전히 지쳐 있었습니다. 잠을 충분히 자지 못한 데다 여행의 피로감이 겹쳤고 게다가 감동적이면서도 이해할 수 없는 영적 체험으로 나의 육신은 쉴 곳을 찾고 있었습니다.

그러나 잠을 이룰 수가 없었습니다. 육신은 뼛속까지 지쳐 있었지만 영혼은 끊임없이 분출되는 활화산의 용암처럼 내 안에서 계속 소용돌이치고 있었습니다.

하나님의 임재를
아는 것

누군가가 나를 이끌고 있다

침대에 누웠을 때 누군가가 나를 침대에서 내려오도록 자꾸 잡아당기고 있는 것 같았습니다. 아주 이상한 느낌이었습니다만, 저항할 수 없을 만큼 아주 강한 것이었습니다.

방 안의 어둠 속에서 나는 무릎을 꿇고 있었습니다. 하나님의 인도하심은 아직 끝나지 않았고 나는 그분의 인도에 따를 뿐이었습니다.

어떤 말을 해야 할지는 알고 있었으나, 그것을 어떻게 표현해야 할지는 정확히 몰랐습니다. 내가 원한 것은 피츠버그에서 캐서린 쿨먼 여사가 가졌던 바로 그것이었습니다. 그것의 하나하나 모든 부분을 그대로 내 안에 갖기를 원했습니다. 아직 그것에 대해 완전히 이해하지는 못했지만 나는 그녀가 말한 것에 대해 알기를 몹시 열망하고 있었습니다.

진실로 나는 어떤 말을 하고 싶은지는 알았지만, 그것을 어떻게 말해야 할지 몰랐습니다. 그래서 내 방식대로 간단한 말로 여쭤 보기로 작정했습니다.

전에는 한 번도 그렇게 해본 적이 없었지만 나는 성령님께 여쭙기로 했습니다. 다른 한편으로는 〈이렇게 하는 게 옳은가?〉 하는 의문도 있었습니다. 결국 나는 성령님께 아무 말씀도 드리지 못했습니다. 성령님이 대화를 할 수 있는 인격체라고는 생각할 수가 없었던 것입니다. 나는 어떻게 기도를 시작해야 할지 몰랐지만 나의 마음속에 있는 것은 알고 있었습니다. 그것은 오직 쿨먼 여사가 그분을 알고 있는 그대로 나도 그분을 알고 싶다는 것이었습니다.

그래서 나는 이렇게 기도하기 시작했습니다. 「성령님, 캐서린 쿨먼은 당신이 자기 친구라고 말했습니다. 그러나 나는 당신을 알고 있는 것 같지 않습니다. 어제까지는 당신에 대해 안다고 생각했는데 그 집회 후 나는 당신에 대해 알지 못하는 것이 많음을 알았습니다. 나는 당신에 대해 모르는 것이 너무 많습니다.」

그러고 나서 어린아이와 같이 손을 내밀며 나는 여쭤웠습니다. 「당신을 만날 수 있을까요? 정녕 당신을 만날 수 있나요?」 한편으로는 〈지금 내가 말하고 있는 것이 옳은가? 이렇게 성령님께 말씀드려도 되는 것인가?〉 하는 의구심도 있었지만 천천히 계속해서 말씀드렸습니다. 내가 정직하게 한다면 하나님께서 내가 옳은지 그른지를 보여 주실 것이며, 쿨먼 여사가 잘못된 것이라면 그것을 찾아내고 싶었습니다.

성령님께 기도한 후에 아무것도 일어난 것 같지는 않았습니다. 그래서 또 나 자신에게 묻기 시작했습니다. 〈성령님과 만난다는 것이 실제 있을 법한 일인가? 정말 그런 일이 일어날 수 있을까?〉

그러는 동안에 스르르 눈이 감겼습니다. 그런데 전기를 만진 것처럼 갑자기 온몸이 떨리기 시작했습니다. 피츠버그 교회 안에서 한 시간이나 계속됐던 바로 그 떨림이었습니다. 〈오, 또다시 일어나고 있단 말인가?〉 그러나 이때는 청중도 없었고 두꺼운 옷도 입지 않았습니다. 따뜻한 방 안에 파자마를 입고 있었을 뿐이었는데 머리끝에서 발끝까지 떨려 오고 있었습니다.

눈을 뜬다는 것 자체가 두려웠습니다. 그 집회에서 일어났던 일들이 몽땅 한꺼번에 일어나고 있는 것 같았습니다. 떨리긴 했지만 하나님의 능력이라는 따뜻한 담요가 나를 감싸 주는 것 같았습니다.

마치 천국으로 들려 가는 느낌이었습니다. 물론 그렇지는 않겠지만, 솔직하게 말해서 천국이 그것보다 별로 나을 것도 없겠다는 생각까지 들었습니다. 사실 〈만일 눈을 뜬다면 난 피츠버그에 있거나 천국의 진주 문 안에 있을 거야〉라고 생각했습니다.

얼마 후 눈을 떴을 때 내가 바로 내 방 안에, 같은 방바닥에, 같은 파자마 차림으로 있는 데 놀라지 않을 수 없었습니다. 그러나 성령님의 능력이 함께하셨음을 느낄 수 있었습니다.

마침내 나는 잠에 빠져들어 갔지만, 아직 내 생애에 무엇이 시작되는지 깨닫지 못하고 있었습니다

나의 첫마디

다음 날 아주 이른 아침, 깊은 잠에서 깨어난 나는 나의 새로운 친구에게 얘기를 하고 싶어 견딜 수가 없었습니다. 내 입 밖으로 나온 첫마디가 바로 이것이었습니다. 「안녕하세요, 성령님!」

그 말씀을 드린 바로 그 순간, 장엄한 분위기가 내 방 안에 다시 돌아왔습니다. 그때는 떨림이나 진동은 없었습니다. 내가 느낀 것은 내가 그분의 임재로 감싸여 있다는 것뿐이었습니다.

「안녕하세요, 성령님!」 다시 한번 말씀드리고 나서 방 안에 그분이 나와 같이 계신다는 것을 알았습니다. 그날 아침만 영적으로 충만해 있었던 것이 아니라 그 후로도 기도할 때마다 항상 새로운 충만함을 받았습니다.

지금 내가 이야기하는 것은 방언을 하는 수준 그 이상의 것입니다. 그렇습니다, 나는 천국의 언어를 말할 수 있지만 그것은 그 이상의 것입니다. 성령은 내게 실체가 되셨습니다. 그분은 나의 친구가 되셨습니다. 그분은 나의 동료이자 보혜사가 되셨습니다.

그날 아침 첫 번째로 내가 한 일은 성경을 펼쳐 든 것이었습니다. 그리고 모든 것이 더욱 뚜렷해지기를 바라며 기다리고

있었습니다. 내가 말씀을 보는 동안 그분이 내 옆에 앉아 나와 함께하신다는 것을 알았습니다. 아니, 나는 그분의 얼굴이나 표정은 볼 수 없었지만 그분이 거기 계신다는 것은 알 수 있었습니다. 그리고 나는 그분의 성품을 알기 시작했습니다.

전혀 새로운 각도에서 성경이 보이기 시작했습니다. 이렇게 말했을 겁니다. 「성령님, 말씀을 제게 보여 주세요.」 왜 그분이 오셨는지 알고 싶었습니다. 그러자 그분은 나를 다음 구절로 인도하셨습니다. 「우리는 세상의 영을 받은 것이 아니라, 하나님에게서 오신 영을 받았습니다. 그것은, 하나님께서 우리에게 은혜로 주신 선물들을 우리로 하여금 깨달아 알게 하시려는 것입니다.」(고린도전서 2장 12절)

내가 왜 당신께서도 나의 친구가 되길 원하셨느냐고 여쭈웠을 때 성령님은 바울이 말한 다음 구절로 인도하셨습니다. 「주 예수 그리스도의 은혜와 하나님의 사랑과 성령의 사귐이 여러분 모두와 함께 하기를 빕니다.」(고린도후서 13장 13절)

성경은 살아 움직이기 시작했습니다. 나는 그러한 말씀들의 깊은 뜻을 이해하지는 못했습니다. 「그가 내게 이렇게 말해 주었다. 〈이것은 주님께서 스룹바벨을 두고 하신 말씀이다. 《힘으로도 되지 않고, 권력으로도 되지 않으며, 오직 나의 영으로만 될 것이다.》 만군의 주님께서 말씀하신다.」(스가랴 4장 6절)

그분은 내 삶 속에서 역사하심을 성경 말씀으로 재확인시켜 주고 계셨습니다. 첫날은 여덟 시간 이상이나 계속되었고, 날마다 그분을 점점 더 많이 알아 가게 되었습니다.

드디어 나의 기도 생활은 변화되기 시작했습니다.「지금, 성령님 당신은 하나님 아버지에 대해 너무나 잘 알고 계시니 제가 기도하는 것을 도와주시지 않겠습니까?」 나는 이 기도를 시작하면서부터 전에 알았던 것보다 더 확실하게 아버지 하나님을 인식하기에 이르렀습니다. 마치 누군가가 문을 열고 〈여기 그분이 계셔〉라고 말하는 것 같았습니다.

나의 선생님, 나의 인도자

하나님 아버지의 존재가 전보다 더욱더 명확해져 갔습니다. 그것은 책을 읽는 것으로도, ABC 공식에 따라 되는 것도 아니었습니다. 그것은 오직 성령님께 말씀에 대해 가르쳐 달라고 간구하는 것으로 가능하며, 사실 그분은 그렇게 하셨습니다.「하나님의 영으로 인도함을 받는 사람은, 누구나 다 하나님의 자녀입니다. 여러분은 또다시 두려움에 빠뜨리는 종살이의 영을 받은 것이 아니라, 자녀로 삼으시는 영을 받았습니다. 그래서 우리는 그 영으로 하나님을 〈아빠, 아버지〉라고 부릅니다.」(로마서 8장 14~15절)

나는 예수님께서 성령님에 대해 말씀하셨던 모든 것을 이해하기 시작했습니다. 그분은 나의 보혜사이시며, 선생님이시며, 인도자이셨습니다.

예수님께서 제자들에게 〈나를 따르라〉 하셨다가 어느 날에는 〈나를 따를 수 없느니라. 왜냐하면 내가 가는 곳에 너희는 갈 수 없느니라〉 하시고, 〈그러나 성령이 오시면 너희와 함께

거하고 너희를 인도하시리라〉라고 말씀하신 것이 무슨 의미였는지 처음으로 알게 되었습니다.

성령님이 하시는 일은 바로 인간들이 따라야 할 인도자로서의 역할인 것입니다.

나의 질문에 대해 모든 대답을 해주실 때까지 나는 여러 주 동안 매일 성경 공부를 했습니다. 매 순간마다 나는 성령님을 더욱더 잘 알게 되었습니다. 오늘날까지 그러한 교통은 중단되지 않고 있으며 나는 그분이 항상 나와 함께 계신다는 사실을 똑똑히 인식하고 있습니다. 그로 인해 나의 모든 생활이 변화되었고, 여러분도 똑같이 그렇게 될 것이라고 믿습니다.

오늘도 일어나자마자 나는 이렇게 말씀드렸습니다. 「안녕하세요, 성령님!」

야파에서
땅끝까지

1952년 12월, 이스라엘 야파.

클레멘스 힌 부인은 둘째 아이를 낳기 위해 병원 산실에서 대기하는 동안, 창문을 통해 아름다운 바깥 풍경을 내다보고 있었습니다. 검푸른 지중해의 물결이 눈앞에 끝없이 펼쳐져 있었으나, 아르메니아인의 후손인 이 작은 여인의 가슴은 쓰라림과 두려움과 부끄러움으로 어찌할 바를 모르고 있었습니다.

그녀는 바다 멀리 한가운데에 있는 검은 바위들, 안드로메다의 바위들을 바라보고 있었습니다. 그 바위들에는 한 그리스 신화가 얽혀 있습니다. 처녀 안드로메다가 그 바위 중 하나에 묶여 있었는데 날개 달린 백마를 탄 페르세우스가 내려와서 바다 괴물을 무찌르고 그녀를 구출하였다는 이야기입니다.

클레멘스 부인은 누군가가 달려와서 이런 창피함과 굴욕으로부터 자신을 구원해 주기를 간절히 기원하고 있었습니다. 그녀는 그리스 정교에 헌신적인 여인이었지만, 주님에 대해 별로 아는 것이 없었습니다. 그러나 그녀는 그 스산한 병실에서 주님과 무언가 흥정을 하려고 애쓰고 있었습니다.

그녀는 창가에 서서 하늘을 응시하며 마음 깊숙한 곳에서부터 말을 꺼내기 시작했습니다. 「하나님 제게 단 한 가지 청이 있습니다. 저에게 아들을 주십시오. 그러면 그 아들을 당신께 바치겠나이다.」

야파

아름다운 장미 여섯 송이

코스탄디와 클레멘스 힌 부부 사이에 태어난 첫아기는 로즈라고 불리는 예쁜 여자아이였습니다. 중동 지방의 까다로운 풍습도 그랬지만, 특히 힌 가문에 대대로 내려오는 전통에 따르면, 첫아기는 반드시 가문을 이을 수 있는 사내아이여야만 했습니다.

그리스에서 팔레스타인으로 이민 온 코스탄디 가족은 사내아이를 낳지 못한 것 때문에 클레멘스를 괴롭히기 시작했습니다. 「네 시누이들은 모두 아들이 있는데, 넌 어떻게 된 거냐?」 그녀는 조롱을 당할 때마다 눈물을 삼킬 수밖에 없었습니다. 그녀는 당혹감을 느꼈고 양가 부모 사이에 그토록 신중하게 이루어진 결혼마저 부끄럽게 생각하고 있었습니다.

그녀는 잠을 이룰 때까지 눈물에 젖어 있었습니다. 그날 밤에 꿈을 꾸었는데 그녀는 아직도 그것을 기억하고 있습니다. 「내 손에 너무나 아름다운 장미 여섯 송이가 들려 있었지. 예수님이 방으로 들어오셔서 내게 가까이 오시면서 장미 한 송이를 달라고 하시더구나. 그래서 난 그것을 그분께 드렸단다.」

계속되는 꿈속에서, 아직도 생생히 기억되는 것은, 키가 작고 가냘픈 검은 머리의 소년이 그녀에게 와서 따뜻한 담요를 덮어 준 것이었습니다.

그녀는 꿈에서 깨어 일어났을 때, 〈이게 무슨 꿈일까? 정말 이런 일이 일어날 수 있을까?〉하고 스스로에게 반문했습니다.

다음 날인 1952년 12월 3일, 내가 태어난 것입니다. 우리 가족은 실제로 여섯 형제와 두 자매가 있게 되었으며 나의 어머니는 하나님과 타협한 것을 결코 잊지 않았습니다. 나중에 어머니는 내게 말씀하시면서 바로 내가 예수님께 드린 한 송이 장미였다고 하셨습니다.

나는 그리스 정교 예루살렘 교구의 주교에게 세례를 받았고, 세례식에서 주교는 자신의 이름을 내게 주었습니다.

거룩한 땅에서 태어났다는 것은 피할 수 없는 종교적인 숙명을 타고났다는 것을 의미합니다. 나는 두 살 때 이미 가톨릭계 유치원에 다녔고, 처음에는 수녀들로부터, 나중에는 수사들에게서 14년간에 걸쳐 가톨릭식 교육을 받았습니다.

나에게 야파는 아름다운 도시였습니다. 그 도시는 이름 자체도 아름답다는 뜻을 지니고 있었습니다. 아랍어로 야파Jaffa, 고대 그리스어로 욥바Joppa, 히브리어로 야포Yafo인데 어느 언어로나 뜻은 같았습니다.

소년 시절 나는 주위에 널려 있는 역사 이야기를 즐겨 듣곤 했습니다. 야파는 역사가 기록되기 이전에 이미 형성되었고, 기원전 15세기경 이집트의 파라오 투트모세 3세 때 이미 가나안의 한 성읍으로 기록되어 있었습니다. 여호수아가 여리고 성 전투를 벌이기도 전이었지요. 그리고 그곳에서는 솔로몬 성전에 백향목을 제공했던 두로 왕 후람이 거하기도 했습니다.

내가 태어난 야파는 매혹적인 곳이긴 하였지만 역사적으로 볼 때는 침략과 정복, 파괴와 재건이 계속된 장소였습니다. 유대 민족의 지도자 시몬 마카비, 로마 황제 베스파시아누스, 이슬람의 마멜루크 왕가, 프랑스의 나폴레옹, 영국 장군 앨런비 등에게 정복되었습니다. 내가 태어나기 6년 전에야 비로소 야파는 새로운 종교 국가 이스라엘에 속하게 되었지만, 주민 자체로는 유대인이 얼마 안 되는 상태였습니다.

힌 시장

내가 어렸을 때 아버지는 야파 시의 시장이셨습니다. 그는 키 187센티미터에 몸무게 115킬로그램의 아주 건장한 체구를 지닌 존경받는 지도자이셨습니다. 그는 육체적으로나 정신적으로나 의지적으로나 아주 강한 면모를 지니고 계셨습니다.

우리 가족은 팔레스타인에 정착하기 전에 그리스에서 이집트로 이주하였다가 다시 여러 민족이 한데 어울려 살았던 야파로 옮겨 왔습니다.

타워 광장으로 가는 라지엘 거리를 따라가면, 압둘 하미드 주빌리 시계탑이 있고, 돌담으로 둘러싸인 교도소와 1810년에 세워진 큰 이슬람 사원이 있었습니다. 거리에서는 프랑스어, 불가리아어, 아랍어, 이디시어 등 여러 언어를 들을 수 있었으며 간이 매점과 길가 카페에서는 바클라바, 즐라비야, 펠라펠, 섬섬 등 여러 맛있는 음식을 맛볼 수 있었습니다.

이런 환경에서 성장한 나는 이스라엘에서 태어났지만 유대인이 아니요, 아랍 문화권에서 자랐지만 아랍 원주민이 아니었습니다. 그리고 가톨릭 학교에 다녔지만 그리스 정교 가정에서 자라났습니다.

여러 언어가 쉽게 통용되었으며 거의 누구나 서너 개 외국어는 쉽게 할 수 있었다고 생각됩니다. 우리 가정에서는 아랍어를 썼고, 성경은 히브리어로 배웠으며, 학교에서는 프랑스어로 교육을 받았습니다.

어린 시절, 유대인이 자리 잡고 있던 텔아비브는 급속히 성장했기 때문에 10만여 인구의 야파와 합쳐져 경계가 없어지게 되었습니다. 오늘날 이곳의 공식 이름은 텔아비브야파로 통용되고 있으며 40만 이상의 인구가 살고 있습니다.

사실 야파의 바로 북쪽에 있는 텔아비브는 1909년 유대인 여섯 가족이 13만 제곱미터의 황무지를 개간하며 정착하기 시작한 곳이지만 시끄러운 아랍의 악조건을 이기고 오늘날 이스라엘에서 가장 큰 도시로 성장한 것입니다.

아버지는 유대인은 아니었지만, 복합 문화권에서 다리 역할을 할 수 있었던 그를 이스라엘 지도자들은 신임하고 있었습니다. 우리 가족은, 아버지가 국가 지도자를 포함한 많은 친구를 가진 것을 자랑스럽게 여겼습니다. 한때는 다른 나라에 이스라엘 대사로 위촉되기도 했지만 아버지는 계속 야파에서 살기를 원했습니다.

아버지는 항상 중요한 회의나 행사에 참가해야 했기에 가족들을 위해 내는 시간은 아주 적었습니다. 사실 내가 아버지에 대해 알고 있는 것은 그다지 많지 않습니다.

아버지는 감성적이기보다는 엄격한 편이었고, 겉으로 애정을 표시하는 적이 드물었습니다. 사실 아버지의 그런 성격은 어머니 때문이기도 했지만, 남자는 남자다워야 한다는 관습 때문이기도 했습니다.

아버지는 행정부에서의 지위가 대단했으므로 우리는 교외에 집을 가지고 살 수 있을 만큼 부유했습니다. 담장 꼭대기를 따라 방범용 유리 조각들이 박혀 있었는데, 그로 인해 집 모양이 굉장히 멋져 보였습니다. 어머니는 가정주부로서 어린 자식들을 양육하는 데 모든 정성과 시간을 기울였습니다.

누에고치 같은 가톨릭교 생활

나는 학교 생활을 계속하면서 나 자신을 가톨릭교인으로 간주하고 있었고, 이러한 과정은 아주 어려서부터 시작되었습니다. 내가 다녔던 유치원은 사실 수도원 같은 곳이었으며, 정기적으로 미사를 드리고 있었습니다. 사립 가톨릭 기관에 의한 교육은 그 지역에서 가장 좋은 것으로 여겨졌기 때문에 부모님도 아무런 거부감 없이 오히려 적극적이었습니다.

평일에는 수녀들에게서 배웠지만 일요일에는 부모님과 같이 그리스 정교회로 가는 생활을 했습니다. 복합 언어권의 야파에서 그런 것은 큰 문제가 되지 않았고, 특정 교회에 성실히 다녀야 한다는 것도 그리 중요하지 않았습니다.

나는 가톨릭교 신자였는가? 그렇습니다. 가톨릭교 생활은 바로 나의 기도 생활이었습니다. 1주일에 5일을 차지하는 학교 생활은 심리적으로 나를 지배하고 있었으며, 수도원에서 지내기 때문에 점점 세상과는 동떨어진 누에고치 속 생활을 하게 되었습니다.

불행하게도 어린 시절부터 심한 말더듬이였던 나는 세상으로부터 멀어져 갈 수밖에 없었습니다. 아주 조그만 문제나 신경과민은 말을 더 더듬게 하여 나를 괴롭혔는데 그것은 감당하기 어려운 시련이었습니다. 그것 때문에 나는 친구를 사귀기가 어려웠고, 어떤 애들은 나를 놀려 댔으며 아예 상대조차 해주지 않는 애들도 있었습니다.

나는 선생님이 가르쳐 주는 것 외에는 세상 돌아가는 일에 대해 거의 알지 못했지만 가톨릭교 생활에는 아주 익숙해 있었습니다. 나는 형제 대학Collège des Frères 의 부속 학교를 다녔는데 그곳 선생님들은 전부 수도사였습니다.

어린 소년이었을 때도 나는 굉장히 신앙심이 깊었습니다.

아마 요즘의 그 어느 크리스천보다도 기도 생활에 더욱 열중했던 것 같습니다. 그러나 내가 기도할 수 있었던 것은 성모송, 사도 신경, 주기도문, 그리고 미리 작성된 기도문들뿐이었습니다.

내가 주님께 입을 열 때란 단지 특별한 요청이 있을 때뿐이었습니다. 그렇지 않을 때면 나의 기도 생활은 매우 조직적이었고 판에 박힌 일상이었습니다.

그 기도 생활은 〈기도할 때는 고통을 느껴야 한다〉는 격언이 그대로 적용되는 듯하였습니다. 실제 어느 곳을 가나 하얀 예루살렘 바위뿐이어서 무릎 꿇고 기도할 만한 장소는 거의 없었습니다. 집 대부분은 그 돌들로 지어졌으며 학교도 카펫 대신 그 하얀 돌들이 깔려 있었습니다.

나는 우리가 간청을 드릴 때 고통을 느끼며 기도하지 않으면 주님께서는 듣지 않으실 것이며, 그런 고통은 하나님의 관심을 끄는 가장 좋은 방법이라고 실제로 믿기에 이르렀습니다.

학교 교육에 영적인 면은 없었지만, 나는 그때 배운 성경의 기본적인 것들을 소중히 여기고 있습니다. 지금도 나는 가끔 〈얼마나 많은 어린아이가 히브리어로 구약 성경을 배울 수 있겠는가〉라는 생각을 하곤 합니다. 그리고 그때 학교 밖에서 듣고 보는 것은 그야말로 하나님의 말씀을 생활에 직접 연관시킬 수 있는 것들이었습니다.

언젠가 네게브를 여행했을 때 우리는 아브라함이 판 우물들을 보았고 그에 대해 배웠습니다. 그러한 경험은 나에게 언제나 생생하게 지속되고 있습니다.

눈보다 흰 주님의 옷

하나님께서는 내 생애에서 여러 번 환상으로 내게 말씀하셨지만, 야파에서는 11세 때 단 한 번뿐이었습니다.

바로 그때부터 하나님께서 나의 생활에 관여하기 시작하셨다고 믿습니다. 그 환상은 바로 어제 있었던 일처럼 지금도 생생하게 기억할 수 있습니다. 내 침실로 걸어 들어오시는 예수님을 보았는데 주님께서는 형용할 수 없이 새하얀 옷을 입고 그 위에 아주 진한 붉은 망토를 걸치고 계셨습니다.

나는 그분의 머리카락을 보았고, 그분의 눈을 바라보았으며, 그분의 손가락에 있는 지문까지도 보았습니다. 실로 그분의 모든 것을 보았습니다.

여러분은 내가 예수님에 대해 외모로는 잘 알지 못했다는 것을 이해해야 합니다. 나는 주님께 내 마음속으로 오시기를 요청한 적은 없었지만 그분을 뵌 순간 그분이 바로 주님이시라는 것을 알 수 있었습니다.

그러한 환상이 나타났을 때는 반쯤 잠든 상태였지만 갑자기 나의 작은 몸은 〈전류〉라고 표현할 수밖에 없는 그런 알 수 없는 감각에 사로잡혔으며, 그것은 꼭 누군가가 나에게 전기를 갖다 댄 것 같은 느낌이었습니다. 마치 내 몸을 수만 개의 바늘이 찌르는 것 같은 마비 상태였습니다.

주님께서는 내 앞에 서서 아주 아름다운 눈으로 점점 깊은 잠에 빠져드는 나를 바라보시면서 미소 지으시고 내게 팔을 벌리셨습니다. 지금도 주님의 임재를 느낄 수 있을 만큼 그때 일은 아주 놀라웠으며 결코 잊을 수 없는 사건이었습니다.

주님은 내게 아무 말씀도 하지 않으셨지만 나를 한참 바라보시고는 사라지셨습니다.

자리에서 즉시 일어난 나는 방금 내게 일어났던 일로 어쩔 줄 몰라 했습니다. 하지만 그것은 꿈이 아니었습니다. 그러한 느낌은 꿈속에서는 절대 일어날 수가 없습니다. 하나님께서는 나의 어린 시절에 지울 수 없는 인상을 환상을 통해 내게 허락하신 것이었습니다.

깨어났을 때도 말할 수 없이 강한 느낌은 그대로였으며 내가 눈을 뜨고 사방을 둘러보았을 때도 그 느낌이 나에게 남아 있음을 알았습니다. 나는 온몸이 굳어 있었고 눈썹 하나 움직일 수가 없었습니다. 완전히 얼어붙은 상태였지만 마음만은 평온했습니다. 그러한 이상한 감정이 나를 온통 휩싸고 있었지만 나를 완전히 지배하지는 못했습니다.

사실 〈난 이런 것은 원치 않아〉라고 말할 수도 있었고, 그러면 그런 경험은 곧 없어지리라 생각했지만 나는 그렇게 말하지 않았습니다. 깨어서 누워 있는 동안에도 그런 느낌은 한동안 지속되었으며 그 후 서서히 사라져 갔습니다.

다음 날 아침 어머니께 지난 밤의 경험에 대해 말씀드렸을 때, 〈그러면 너는 성인(聖人)이 되어야 한다〉라고 대답하셨던 것을 어머니는 지금도 기억하고 계십니다.

그러한 일들은 가톨릭교이거나 그리스 정교이거나 간에 야파에서는 일어난 적이 없었습니다. 물론 나는 성인이 되지 못했습니다만, 어머니는 만약 예수님이 내게 오셨다면 그분은 소리 내어 나를 불렀을 것이라고 믿고 계셨습니다.

하나님께서 나의 삶에 관여하시는 동안, 다른 요소들이 우리 가족의 장래를 완전히 변화시키고 말았습니다.

땅끝으로

가자에서 골란고원으로

1960년대 이스라엘에 살고 있던 사람들은 정치적 긴장감이 고조감을 느끼고 있었습니다. 이스라엘에 대한 아랍인의 습격은 이집트에서 요르단과 시리아 국경을 따라 거의 매일 일어나고 있었습니다. 이스라엘군도 정기적으로 그 나름대로의 보복 습격을 가하고 있었습니다.

1967년 5월 이스라엘과 세 아랍 국가 간의 전쟁이 임박하면서 전군에 비상이 선포되었고, 이집트는 가자 지구와 시나이반도에서 유엔군의 철수를 요구하고 나섰습니다.

그 후 1967년 6월 5일, 이스라엘 공군기들은 이집트, 요르단, 시리아의 비행장을 공격하였습니다. 이것이 소위 〈6일 전쟁〉이라 불리는 것입니다. 1주일도 채 못 가서 이스라엘군은 아랍 공군력을 거의 완전히 파괴하였으며 곧 가자 지구와 시나이반도, 요르단 서안 지역, 시리아의 골란고원을 점령하였습니다. 갑자기 이스라엘은 자기 영토보다 세 배나 큰 지역을 관할하기에 이른 것입니다.

1968년 어느 날, 아버지는 가족을 불러 모으시더니 우리를 위해서 이민을 가야겠다고 하시며 〈출국 비자를 받는 데 지장이 있을지도 모르니 어느 누구에게도 이야기하면 안 된다〉고 주의를 주셨습니다.

우리는 처음에 아버지의 친척 몇 분이 살고 있고 프랑스어를 사용하는 국가인 벨기에로 갈 예정이었습니다.

그런데 어느 날 저녁 캐나다 대사관의 영사가 우리 집을 방문하고 캐나다의 생활에 대한 짧은 영화를 소개했습니다. 토론토는 매력적인 도시 같았습니다. 아버지는 거기에 살고 있는 두 형제가 있었지만, 그들이 재정적으로 우리의 이민을 후원할 수 있는지는 의문이었습니다.

떠나야 한다는 문제는 갈수록 심각해졌는데, 어느 날 아버지는 아마 5년 안에 이민 가는 것은 어려울지도 모른다는 부정적인 말씀까지도 하셨습니다.

하나님께 간구하다

그 당시 우리 가족 모두는 떠나기를 고대하고 있었으므로 나는 그곳 예루살렘의 바위 위에 무릎을 꿇고 하나님께 서원했습니다. 「주님, 우리가 만약 이곳을 떠난다면 제가 발견할 수 있는 가장 큰 병의 올리브기름을 당신께 바치겠나이다.」그리고 나는 덧붙였습니다. 「우리가 토론토에 다다르면 교회에 가서 감사의 표시로 그것을 당신께 바치겠나이다.」

내가 받은 교육으로는 하나님께 부탁한다는 것이 비정상적인 일은 아니었습니다. 올리브기름은 귀한 일상용품이었기에 나는 그렇게 서원했던 것입니다.

몇 주일 후 캐나다 대사관의 젊은 영사가 아버지를 찾아와서 말했습니다. 「힌 씨, 어떻게 했는지는 묻지 마시고, 우리가 최선을 다해 모든 서류를 완비하였으니 준비만 되신다면 언제든지 떠날 수 있습니다.」

얼마 되지 않아 우리는 북미에서의 새로운 삶을 준비하기 위해 모든 소유물을 처분했습니다.

거룩한 땅에서의 마지막 며칠 동안, 앞으로 무언가 큰일이 일어날 것이라는 예감이 들었습니다. 비록 이 특별한 도시를 떠나긴 하지만 더 귀한 것이 기다리고 있음을 나는 느꼈습니다.

그곳은 바로 요나가 떠났던 옛 도시 욥바인 동시에 나의 야파였습니다. 요나가 떠난 결과는 니느웨의 구원이었습니다.

항구가 내려다보이는 높은 산 시타델에 얼마나 많이 오르내렸던가! 1654년에 세워졌다는 프란시스칸 교회는 등대 옆에 있었습니다. 바로 그 옆에는 사도 베드로가 얼마간 머무르며 전 세계를 변화시킬 비전을 얻은 무두장이 시몬의 집이 있었습니다. 하나님의 음성이 들렸습니다. 이방인도 유대인과 같이 교회 내로 받아들이라는 하나님의 음성이 들렸습니다.

「베드로가 입을 열어 말하였다. 〈나는 참으로, 하나님께서는 사람을 외모로 가리지 아니하시는 분이시고, 하나님을 두려워하며, 의를 행하는 사람은 그가 어느 민족에 속하여 있든지, 다 받아 주신다는 것을 깨달았습니다.〉」(사도행전 10장 34~35절)

당시의 그리스도 메시지는 욥바에서 가이샤라로, 그리고 땅끝으로 온 인류에게 전해지고 있는 것입니다.

롯 공항으로 가는 하가나 길을 따라 내려가며 나는 생각했습니다. 〈이곳을 다시 볼 수 있을까?〉 또 나에게 사랑으로 가르쳐 준 가톨릭 수녀들도 떠올려 보았습니다. 〈다시 그들을 볼 수 있을까?〉

회색과 흰색으로 조화를 이룬 거대한 육면체들로 끊임없이 이어진 텔아비브 시가지를 비행기 창문으로 다시 한번 내려다보았습니다. 뒤로는 수 킬로미터에 걸쳐 펼쳐진 짙푸른 오렌지 숲이 보였으며, 멀리는 유대 광야가 희미하게 어른거렸습니다.

비행기가 지중해를 향하여 날아갈 때 다시 한번 야파를 내려다보며 나는 마지막으로 〈안녕〉이라고 중얼거렸습니다. 당시 14세 소년이었던 나는 이제는 유일한 고향이 될 그곳을 보고 순간 울컥 목이 메었습니다.

간이 아이스크림 가게

1968년 7월, 힌 가족의 토론토 도착은 어느 누구에게도 알려지지 않았습니다. 아버지가 바라시던 대로 어떤 환영회도 없었습니다. 그의 직업에 대한 보장 역시 없었습니다.

몸에 걸친 옷가지와 가방 속에 든 잡동사니, 그리고 야파에서 소유물을 팔아 장만했던 얼마간의 현금이 가진 것의 전부였습니다. 하지만 얼마 동안 지내기에는 충분한 것이었습니다.

우리의 새로운 생활은 월세 아파트에서부터 시작되었습니다. 전혀 다른 문화권에 갑자기 들어온 충격이 컸습니다. 더듬기는 하지만 몇 개 언어를 구사할 수 있는 나로서도 영어는 생소한 것이었으며 겨우 〈하나, 둘, 셋〉 하고 수를 셀 수 있는 정도였습니다.

아버지는 직업 신청서를 적어 낼 수 있을 만큼 충분히 영어를 구사했으므로 곧 보험 회사 세일즈맨으로 취직이 되셨습니다.

많은 가족을 먹여 살려야 한다는 책임감 때문인지 아니면 사람들을 쉽게 다룰 수 있는 천부적인 소질 때문인지 아버지는 새로운 직업에서 빨리 성공하셨으며, 몇 개월 안 되어 집을 장만하시기에 이르렀습니다. 우리 모두는 아버지를 매우 자랑스럽게 여기고 있었습니다.

나의 생활도 사립 가톨릭 학교에 다니는 대신 공립인 조지 베니어 고등학교에 다녀야 하는 등 크게 바뀌었습니다. 거기서는 고등학생 대부분이 파트타임으로 일을 했으며, 나도 그런 일을 구하고 있었습니다.

우리는 토론토에서도 노스욕이란 구역에 살았는데, 문을 연지 얼마 안 된 페어뷰 쇼핑센터가 집 근처에 있었습니다. 나는 경험이 없는데도 불구하고 그곳에 있는 햄버거와 아이스크림을 파는 조그만 가게에서 일하게 되었습니다. 매일 학교가 끝나면 그곳에 가서 일하는 것이 나의 일과였습니다.

어느 토요일, 나는 채소와 과일 등을 파는 슈퍼마켓에 들어가서 점원에게 물었습니다.

「올리브기름이 있나요? 제일 큰 병에 든 것이 필요한데요.」

점원은 이내 제일 큰 병을 내게 내주었습니다.

다음 날 나는 그리스 정교회에 가서 하나님께 서원했던 것을 교회 제단에 바치고 조용히 기도했습니다. 「주님, 감사합니다. 우리를 새로운 집으로 안전하게 인도해 주셨음을 감사드립니다.」

내 가슴은 올리브기름병만큼이나 가득 차 있었습니다. 그 가게에서 나는 일을 했습니다. 말을 더듬었기 때문에 말을 많이 하지 않았지만, 나는 아이스크림을 담는 데는 전문가가 되었습니다. 나는 밥이란 동료와 같이 일했습니다.

친구는 머리가 돌았는가?

1970년 어느 날 가게에서 밥이 했던 약간 이상한 행동을 잊을 수가 없습니다. 그는 가게 안의 벽마다 성경 구절을 적은 조그만 종이들을 군데군데 붙여 놓았습니다. 나는 그가 좀 돌았다고 생각했습니다.

그가 크리스천임을 알기는 했지만 이번 일은 좀 지나친 것 같았습니다. 그래서 속으로 생각했습니다. 〈왜 이런 일을 했을까? 나를 위해서인가? 성경에 관해서라면 내가 더 많이 알고 있을 텐데.〉 마침내 그에게 〈무엇 때문에 저렇게 붙여 놓았니?〉 하고 물어 보았더니, 그는 나를 뚫어지게 쳐다보기 시작했습니다. 그가 그만두지는 않을 것 같아 나는 이 돌아 버린 친구를 가능한 한 멀리해야겠다고 생각했습니다.

오랫동안 그를 피하려고 노력했지만 같이 일해야 했으므로 그것은 거의 불가능하였습니다.

그는 계속 신앙에 관한 주제를 가져왔고, 더욱이 내게는 생소한 데다 성경에서 그다지 중요한 단어가 아닌 것 같은 〈거듭남〉에 대해서 이야기하고 싶어 했습니다.

결국 밥은 가게 일을 그만두었습니다. 하지만 그의 친구들이 나와 같은 학교에 다니고 있었습니다. 나는 그 후 2년간은 가능한 한 그들을 피해서 다녔습니다.

나는 그들을 별난 녀석들이라고 생각했습니다. 사실 그들은 별나게 보였으며, 이상하게 말하고, 심지어 나를 가르쳤던 수녀들과는 정반대이기도 했습니다.

조지 베니어 고등학교 3학년 때, 나는 생애 두 번째로 주님과 대면하게 되었습니다. 그분이 또 내 방으로 나를 찾아오신 것입니다. 이번에는 잊어버릴 수 없는 꿈에서 말입니다.

11세 때 야파에서 내 앞에 서 계셨던 예수님의 환상 역시 나에게 지울 수 없는 인상을 남겨 놓았습니다. 당시 나는 토론토에서 교회에 다니긴 했지만, 성경 공부도 하지 않는 상태였습니다. 꿈에서 나는 전혀 예기치 않게 혼자 버려져 있었습니다. 그 상황에서 나는 기절해 버릴 지경이었습니다.

1972년 2월 추운 겨울 밤 내 방에서 일어났던 일을 여러분에게 얘기하겠습니다.

꿈이 펼쳐지면서 나는 깊고 어두운 계단을 내려가고 있는 나 자신을 발견했습니다. 계단이 너무 가팔라서 나는 곧 굴러떨어질 것 같았습니다. 그것은 나를 깊고 끝없는 동굴 속으로 이끌고 있었습니다.

나는 앞뒤로 죄수들과 함께 쇠사슬로 묶여 있었으며 수인의 옷을 입고 있었습니다. 발과 팔목에는 쇠사슬이 있었습니다. 내가 볼 수 있는 한 앞으로도, 뒤로도 끝없는 죄수들의 행렬뿐이었습니다.

등골이 오싹해지는 어렴풋한 어둠 속에서, 한 줄기 희미한 빛 가운데 수십 명의 작은 사람들이 이리저리 움직이고 있는 것이 보였습니다. 그들은 이상한 모양의 귀를 가진 꼬마 도깨비처럼 보였습니다. 그들의 얼굴은 볼 수 없었고 형태도 겨우 보일 정도였습니다. 그러나 우리는 그들에 의해 계단으로 끌려 내려가는 것이 분명했습니다. 마치 도살장으로 끌려가는 한 무리의 소떼처럼, 아니 그보다 더했습니다.

갑자기 어느 곳에서 나타났는지는 모르지만 주님의 천사가 거기 있었습니다. 오, 얼마나 놀라운 일입니까? 하늘의 존재들이 바로 내 앞에, 바로 몇 발자국 떨어진 곳에 펼쳐져 있는 것이 아닙니까? 깊고 어두운 블랙홀과 같은 그 속에 빛나고 아름다운 천사가 있는 그런 광경은 내 생애에서, 아니 꿈속에서조차 본 적이 없었습니다.

다시 한번 쳐다보았을 때 그 천사는 나에게 다가오라고 손짓하고 있었습니다. 내 눈을 바라보며 나를 부르고 있었습니다. 나는 시선을 그에게 집중시키고 그를 향해 걷기 시작했습니다. 그 즉시 나의 손과 발을 묶고 있던 사슬은 풀어졌고 더 이상 다른 죄수들과 함께 묶여 있지 않았습니다.

급히 그 천사는 열린 문으로 나를 인도했고, 순간 나는 빛 속으로 걷고 있었으며 천사는 나를 조지 베니어 고등학교 옆에 있는 돈밀스 길가에 내려놓았습니다. 천사는 나를 학교 창문 옆에 데려다주었습니다.

다음 순간 천사는 사라졌고, 나는 일찍 일어나 수업이 시작되기 전에 도서실에서 공부하기 위해 서둘러 학교로 갔습니다.

눈도 깜짝할 수 없는 일

도서실에 앉자마자 꿈에 대해 생각할 겨를도 없이 몇몇 학생이 내 책상으로 몰려왔습니다. 그들은 〈예수〉 이야기로 항상 나를 괴롭히던 학생들이었습니다. 그들이 내게 아침 기도회에 같이 가지 않겠느냐고 물었습니다. 기도실은 바로 도서실 옆에 있었습니다. 〈이 녀석들에게 등을 돌릴 필요는 없겠지. 잠깐 동안의 기도 모임이 설마 날 괴롭히기야 할까〉라는 생각에, 그들과 같이 기도실로 들어갔습니다. 그곳에는 12명에서 15명 정도가 모여 있었는데 나는 한가운데 자리 잡게 되었습니다.

갑자기 모두가 손을 들고 이상한 다른 나라 말로 기도하기 시작했습니다. 나는 눈을 감을 수도 없었습니다. 눈도 깜짝할 수 없었습니다. 학급에서 알고 있던 17세에서 19세의 소년들이 이해할 수 없는 소리로 하나님을 찬양하고 있었던 것입니다.

나는 기도하지 않았습니다. 그저 바라만 보고 있었습니다. 그런데 생각하지도 못한 일이 일어났습니다. 기도를 해야 한다는 강한 충동이 일었습니다. 그러나 무슨 기도를 해야 좋을지 정말 알 수가 없었습니다. 성모송은 내가 느끼고 있는 감정과 맞지 않을 것 같았고, 〈죄인의 기도〉는 가톨릭 학교에서도 배운 바가 없었습니다. 겨우 〈당신은 예수님을 만나야 합니다〉 하는 〈예수님의 무리들〉이 생각났는데 내가 그분을 알고 있다고 생각했기에 적합한 것 같았습니다.

당황스러운 순간이었습니다. 누구도 나와 같이 기도하지 않았고 나를 위해 기도해 주지도 않았습니다. 그러나 전에 느껴보지 못했던 강한 영적 분위기가 나를 휩싸고 있었습니다. 내가 죄를 진 적이 있었던가? 그렇게 생각하지는 않았습니다. 나는 그저 매일 밤 죄를 고백하는 착하고 작은 가톨릭교도 소년이었습니다.

그 순간 나는 눈을 감고 내 삶을 영원히 변화시킨 네 마디를 크게 외쳤습니다. 「주 예수님, 돌아와 주세요.」

왜 그렇게 말했는지는 모르지만 그것이 입에서 나온 전부였습니다. 계속 〈주 예수님, 돌아와 주세요〉, 〈주 예수님, 돌아와 주세요〉라고 되풀이했습니다.

그분이 우리 집에서 떠나셨거나 내 삶에서 떠나셨다고 생각한 걸까요? 나는 정말 알 수가 없었습니다. 그 단어들을 되풀이하며 더듬거리고 있을 때 감각이 마비되었던 11세 때의 상태가 다시 엄습해 오고 있음을 느꼈습니다. 그때처럼 강렬한 것은 아니었지만 비슷한 전류인 것 같았습니다.

엄습해 오는 그 힘이 즉시 나를 내면으로부터 깨끗이 씻어 내고 있음을 느꼈습니다. 완전하고 깨끗하게, 흠도 없이 순결하게 씻겨졌다고 느꼈습니다.

그러자 실제로 내 눈에 예수님이 보였습니다. 아주 순간적으로 일어난 일이었습니다. 분명히 예수님이 그곳에 계셨습니다.

8시 5분 전

주위에 있는 학생들은 나에게 무슨 일이 일어났는지 아무도 모르고 있었을 것입니다. 그들은 모두 기도에 열중했습니다. 그리고 한 사람, 한 사람 기도실에서 빠져나가 교실로 돌아가고 있었습니다.

그날 아침 8시 5분 전, 나는 기도실에 앉아서 울고 있었습니다. 어찌할 바를 몰랐고 무엇을 말해야 좋을지도 몰랐습니다.

그것을 정리하지 못한 상태에서 예수님께서는 마루 위에 꿇어앉아 기도하던 내 모습이 사실인 것처럼, 생생하게 나에게 나타나셨습니다. 네 단어 외에는 진실로 내가 기도하고 있었던 것 같지는 않았습니다. 그러나 그 추운 2월 아침에 어떤 특별한 일이 일어났음은 의심할 수 없는 사실이었습니다.

그러는 사이 나는 좋아하는 과목인 역사 시간에 하마터면 늦을 뻔하였습니다. 중국의 근대 혁명에 관하여 배우는 중이었지만, 나는 선생님의 강의를 거의 들을 수가 없었습니다. 그의 단 한 마디도 기억할 수가 없었습니다. 그날 아침에 엄습해 온 느낌이 나를 떠나지 않고 있었습니다. 언제나 눈을 감고 있으면 거기에 예수님이 계셨습니다. 그리고 눈을 떴을 때도 그분은 아직 거기 계셨으며, 주님 얼굴의 형상이 나를 떠나지 않았습니다.

하루 종일 눈물이 흘러나왔으며, 내가 할 수 있는 말은 〈주님 당신을 사랑합니다, 주님 당신을 사랑합니다〉뿐이었습니다.

공부가 끝난 후 학교 정문으로 걸어 나가면서 도서실 창문을 바라보았습니다. 순간 내 눈길이 그곳에 고정되었습니다. 그 천사, 그 꿈, 모두가 다시 사실로 나타났습니다.

하나님께서 나에게 무엇을 말씀하시는 것일까?

나 베니에게 무슨 일이 일어난 것일까?

3

전통,
전통

방으로 들어서자마자 나는 검은 표지의 커다란 성경책으로, 자석에 끌리듯 이끌려 갔습니다. 그것은 우리 집에 있는 유일한 성경책이었습니다. 어머니와 아버지조차 성경책이 없었습니다. 어디서 났는지는 모르지만, 그것은 내가 기억하는 한 오래전부터 나의 것이었습니다.

　캐나다에 도착한 이래 나는 그 책을 거의 펴본 적이 없었습니다. 그러나 나는 곧 〈주님, 오늘 나에게 일어난 일을 성경을 통해 보여 주시옵소서〉라고 기도했습니다. 그러고 나서 굶주린 자에게 빵 부스러기가 주어진 것처럼 성경을 펼쳐 들고 탐독하기 시작했습니다.

　그때 성령님께서 나의 스승이 되기 시작하셨습니다. 당시에는 몰랐지만, 바로 이적이 일어나기 시작한 것입니다. 여러분도 알다시피, 아이들은 기도 모임에서 〈성경에 쓰인 말씀이 여기 그대로 있습니다〉 하고 말하지 않습니다. 아이들은 지난 24시간 동안 일어났던 일을 마음속에 두지도 않습니다. 물론 나도 부모님에게 한마디도 하지 않았습니다.

복음서를 읽어 내려가면서 나도 모르게 큰 소리로 읽고 있는 것을 깨달았습니다. 「예수님 제 마음속에 오세요. 제발 예수님, 제 마음속에 오세요.」

나는 성경의 매 장마다 구원의 계획이 펼쳐지는 것을 보았습니다. 그것은 한 번도 성경을 읽어 본 적이 없는 것처럼, 샘에서 솟아 나온 말씀을 마신 것처럼 너무나 신선했습니다.

마침내 새벽 4시경이 되어서야 전에는 알지 못했던 평화가 깃들고 나는 깊은 잠에 스르르 빠져들었습니다.

소속

일어나 앞으로 가라

다음 날 나는 학교에서 그 광신자들한테 〈어이, 교회에 같이 가자〉 하고 말했습니다. 그들은 자신들이 참석하고 있는 1주일간의 예배에 대하여 말해 주었으며, 이틀 후에 나와 같이 갈 수 있다고 하였습니다.

목요일 저녁, 그들은 〈카타콤 catacomb〉이라 불리던 곳으로 나를 안내해 주었습니다. 학교에서 아침 기도회 때 모인 사람들처럼 모두 손을 들고 예배드리고 있었기 때문에 나도 스스럼없이 그들과 똑같이 하였습니다.

〈주님 내 길 예비하시니 나 기뻐합니다. 여호와 이레, 여호와 이레.〉 그들은 계속 반복해서 찬송했습니다. 처음 듣는 복음송이었지만 너무 좋았으며, 더구나 그 노래가 담임 목사의 부인인 멀라 왓슨 여사가 작사한 것임을 알았을 때는 더욱 좋아하게 되었습니다. 그녀의 남편 머브 목사가 바로 이 비정상적인 모임의 지도자였던 것입니다.

카타콤은 일반 교회는 아니었습니다. 그곳에 모이는 사람들은 크리스천이라는 것만으로 만족하지 않는 무리로, 토론토 시내 성공회 건물인 세인트폴 교회에서 매주 목요일에 모이고 있었습니다. 그곳은 〈예수 운동Jesus Movement〉의 본거지였습니다.

주위를 둘러보니 내 또래의 소년들로 가득 차 있었는데 그들은 주님 앞에서 이리저리 뛰어다니며 춤추기도 하고, 기쁨에 찬 소리를 지르기도 하였습니다. 이런 곳도 있다는 것이 정말 믿어지지 않았습니다. 하지만 나는 첫날부터 이미 그 모임의 일원이 되었음을 느낄 수 있었습니다.

예배가 끝나갈 즈음에 머브 왓슨 목사가 말하기 시작했습니다. 「대중 앞에서 죄를 고백하길 원하는 사람은 앞으로 나오십시오. 여러분이 그리스도께 마음속으로 오시길 간구한 것처럼 우리도 여러분과 같이 기도하겠습니다.」

나는 마음이 흔들리기 시작했지만 〈난 벌써 구원되었잖아. 앞으로 나갈 필요는 없어〉 하고 생각했습니다. 지난 월요일 아침 8시 5분 전에 주님께서 나를 변화시켜 주신 걸 알고 있지만 오늘은 벌써 목요일이 아닙니까.

그러나 몇 초가 지나가기도 전에 나도 모르게 재빨리 앞으로 나아가고 있는 자신을 발견했습니다. 왜 그랬는지는 모르지만 누군가가 마음속에서 〈일어나 앞으로 가라〉고 말하고 있었습니다.

그리스 정교 가정에서 자라고 가톨릭교 신자이기도 했던 내가 성공회 교회 안의 성령 충만한 예배에서 그리스도를 영접함을 대중 앞에 고백하게 되었습니다. 「예수님, 당신께서 나의 삶의 주인이 되어 주시길 원합니다.」

이스라엘의 거룩한 땅과 이곳은 비교가 되지 않았습니다. 지금 예수님의 임재하심은 그분이 옛날에 계시던 곳보다 훨씬 좋았습니다.

그날 저녁 집으로 돌아왔을 때도 나는 주님의 임재하심으로 충만하였고 지난 며칠 동안에 일어났던 일을 어머니께 이야기하기에 이르렀습니다. 사실 아버지께는 말씀드릴 용기가 나지 않았습니다.

「엄마, 말씀드릴 게 있어요. 나는 구원받았어요.」 나는 속삭였습니다.

순간 어머니의 턱이 굳어졌습니다. 어머니는 나를 한참 바라보시더니 차분하게 〈무엇으로부터 구원받았단 말이냐?〉 하고 물으셨습니다.

「절 믿어 주세요. 이해하실 수 있을 거예요.」 나는 말했습니다.

금요일 아침부터 하루 종일 이상하게도 똑같은 장면이 학교에서, 가게에서, 내가 어딜 가든 계속 눈앞에 나타나고 있었습니다. 그 장면은 나 자신이 전도하고 있는 모습이었습니다. 상상도 못 해본 일이지만, 그 이미지를 깨뜨릴 수 없었습니다. 깨끗한 양복을 입고, 머리는 단정히 빗고, 폭풍과도 같이 전도하고 있는 모습이었습니다.

나는 그날 가게의 벽에 성경 구절을 적어 붙여 놓았던 밥을 만났습니다. 나는 1주일 동안 일어난 일을 그에게 간략하게 이야기해 주고 이젠 내가 전도하고 있는 모습까지 보인다고 말했습니다.

「밥, 하루 종일 그래. 큰 옥외 집회에서, 대운동장에서, 여러 교회에서, 연주회 장소에서 내가 설교하고 있는 장면이 사라지질 않아.」 더듬거리기 시작하며 나는 그에게 말했습니다. 「보이는 모든 곳이 사람으로 차 있어. 내 머리가 어떻게 된 게 아닐까? 도대체 무엇을 의미한다고 생각하니?」

그는 내게 말했습니다. 「그것은 오직 한 가지일 수밖에 없어. 하나님께서 너를 큰 복음 사역에 쓰시려고 준비하고 계신 것 같아. 놀라운 일이군.」

따돌림

창피함과 부끄러움

밥은 격려해 주었지만 집에서는 사정이 달랐습니다. 주님께서 하신 일에 대해 나는 가족들에게 전부 이야기할 수는 없었습니다. 답답한 상황이었습니다.

결국은 가족 모두가 나를 괴롭히고 비웃기 시작했습니다. 아버지께서 그러실 것은 예상했지만, 어머니마저 이해하지 못했기에 정말 답답해서 죽을 지경이었습니다. 어렸을 때 어머니는 내게 많은 애정을 보여 주셨으며, 형제자매들도 그랬습니다. 그러나 지금은 마치 이방인이 침범해 온 것처럼 나를 멸시하고 있었습니다.

뮤지컬 영화 「지붕 위의 바이올린」에 나오는 가사처럼 가족들은 〈전통! 전통!〉 하고 외쳐 댔습니다. 중동 지역 사람들은 전통을 무시하면 용서할 수 없는 죄로 여기기까지 했습니다. 그런 자는 가족들에게 모욕을 주었으므로 용서받기가 힘들다고 하였습니다.

가족들은 내게 〈베니, 넌 우리 가문을 망신시키고 있어〉라고 말했습니다. 자신들의 명예를 훼손하지 말라고 설득하기도 했습니다. 아버지는 당신이 시장이었음을 상기시키시면서 가문의 명예를 들먹이셨습니다.

이렇게 말하는 것을 깊이 이해하길 바랍니다. 정말 그리스 정교와 동방 사람들은 교회의 명령이나 가르침에 절대 복종해야 하기 때문에 개인적인 신앙생활을 한다는 것은 거의 불가능합니다.

내가 거듭난 크리스천이 된 것이 그들에게는 말할 수 없는 부끄러움이었습니다. 왜냐하면 그들은 자신들만이 진짜 크리스천이라 믿고 있었기 때문입니다. 그들은 전해 내려오는 역사적 문헌으로 그것을 증명하려 했으며 사실 어느 누구보다도 오래전부터 크리스천이었습니다.

그들의 신앙은 오랫동안 고정되어 있었으며, 의식적이었고, 교리적이었습니다. 하나님의 〈기름 부으심〉에는 어두웠으며 능력이 없었습니다. 나도 그런 환경에서 자랐기 때문에 그것이 문제가 된 것입니다. 결과적으로 그들은 주님의 음성을 듣는다는 것이나 성령에게 인도된다는 것이 무엇을 의미하는지 전혀 이해하지 못했습니다.

그리스도에 관한 이야기는 집에서 아예 할 수도 없게 되어갔습니다.

그러나 그 어느 것도 새로 발견한 신앙의 불길을 잠재울 수는 없었습니다. 마치 나는 결코 꺼지지 않는 불씨 같았습니다.

이른 아침마다 커다란 성경책을 펴고 있으면, 성령님께서는 내게 말씀을 계속 깨닫게 해주셨습니다. 그러나 나는 그것으로는 만족할 수가 없어 매일 저녁 집을 〈탈출〉해 나와서 교회 예배나, 성경 공부, 기도 모임 등에 참석하였습니다. 매주 목요일 밤에는 언제나 카타콤으로 갔습니다.

하지만 집에서 예수님에 관해 이야기하던 날을 결코 잊을 수가 없습니다. 아버지는 내게 달려들어 뺨을 후려치셨습니다. 너무 고통스러웠습니다. 그것은 예루살렘 바위 위에 꿇어 엎드릴 때 느낀 육체적 고통과는 달랐습니다. 나는 가족들의 마음을 상하게 했다고 느꼈지만, 그들을 사랑하고 있었으며,

그들의 구원을 위해 고민하고 있었습니다.

사실 나의 잘못이었습니다. 아버지는 〈한 번만 더 예수의 이름을 입에 담는다면 그 말을 한 것을 후회하게 해주겠다〉고 경고하셨습니다. 아버지는 증오심에 차 나를 집에서 쫓아내겠다고 호통을 치셨습니다.

나는 어린 여동생 메리한테 주님에 관해 이야기하기 시작했습니다. 아버지가 그것을 아셨을 때 그의 분노는 다시 끓어올랐습니다. 아버지는 그런 영적인 것에 대해 여동생에게 말하는 것을 금지시키셨습니다.

정신과 의사

형제들마저 나를 박대하기에 이르렀습니다. 세상에 있는 모든 이름으로 나를 조롱했습니다. 그런 일은 상당히 오랫동안 계속되었습니다. 방 안에서 나는 〈주님, 언제 끝나는 겁니까? 저들이 주님을 알게 될 때가 과연 올까요?〉 하고 기도하곤 했습니다. 나는 가족들과 이야기할 수 있는 날이 곧 오길 바랄 뿐이었습니다. 그런 상황은 〈추방〉이란 단어로 표현해도 지나치지 않을 것입니다.

그들은 내가 정신 나갔다는 것을 말해 주기 위해 이스라엘에서 할머니를 모셔 오기까지 하였습니다. 〈넌 가문에 먹칠을 하고 있어. 네가 우리한테 준 부끄러움을 알지 못하겠느냐?〉 하고 할머니는 다그치셨습니다.

아버지는 내게 정신과 의사에게 진찰을 한번 받아 보라고 권하셨습니다. 틀림없이 아버지는 내가 정신이 나갔다고 생각하신 것입니다. 의사의 진단을 받은 결과는 〈아마 아드님이 무슨 큰 충격을 받은 것 같습니다. 곧 괜찮아질 것입니다〉 하는 정도였습니다.

아버지의 다음 전략은, 나에게 고된 일거리를 주고는 정신없이 바쁘게 만들어 〈예수〉를 생각할 틈을 주지 않는 것이었습니다. 아버지는 친구에게 〈내 아들 베니한테 일자리를 줄 수 있겠나?〉 그렇게 부탁하시고는 나를 그 장소까지 차로 데리고 가셔서 내가 그곳으로 들어갈 때까지 차 안에서 지켜보고 계셨습니다. 아버지의 친구는 무례하고 난폭했으며 내가 만난 이들 가운데 가장 천박한 성격을 지닌 사람이었습니다. 그런 사람 밑에서 일할 수 없다는 것은 너무나 자명했습니다.

차로 돌아가서 나는 〈아버지, 저 사람 밑에서는 절대로 일할 수 없습니다〉 하고 말씀드렸습니다. 사실 아버지께 너무 죄송했지만 할 수 없었습니다. 아버지는 마지막으로 내게 사정하셨습니다. 「베니, 내가 어떻게 해주면 좋겠니? 무엇이든지 말해 봐라. 네가 예수를 떠나기만 하면 원하는 것은 무엇이든지 해주마.」

「아버지, 아버지께서는 제게 무엇이든지 요구하실 수 있어요. 그러나, 제가 찾은 것을 포기한다는 것은 죽는 거나 마찬가지입니다.」

정말 상상하기조차 싫은 장면이었습니다. 그분은 인자한 아버지에서 조소하는 이방인으로 돌변하셨습니다. 아버지에게서 오는 것이라고는 심한 꾸중과 욕설뿐이었습니다.

다음 한 해 동안, 2년 가까이, 아버지와 나 사이에는 거의 대화가 오가지 않았습니다. 아버지는 나를 식탁에서조차 쳐다보지 않으셨고, 철저히 무시하셨습니다. 마침내 나는 가족과 함께 앉아서 저녁 뉴스를 보는 것조차 견딜 수 없는 지경에 이르렀습니다.

결국은 내 방 안에만 처박혀 있을 수밖에 없었습니다. 그러나 지금 돌이켜 생각하면 주님께서는 그분이 하시고자 하는 일을 정확히 알고 계셨던 것이었습니다. 그래서 나는 헤아릴 수 없는 많은 시간을 하나님과 단둘이서 보낼 수 있었습니다. 나는 항상 성경을 펼쳐 놓고 공부하였으며, 언제나 기도했고 또 혼자 예배를 드렸습니다. 하나님께서는 닥쳐올 장래에 필요한 하늘의 만나를 미리 내게 채워 주신 것입니다.

주님께 복종해야만 합니다

그 후로는 교회에 가는 것마저 큰 어려움이 되어 갔습니다. 나의 갈급한 심정에는 아랑곳하지 않고 시간이 흐를수록 아버지는 〈절대 안 돼〉 하고 말씀하실 뿐이었습니다. 사실, 아버지와 나누었던 대화는 오로지 주님의 집과 교회에 관한 언쟁뿐이었습니다.

동방 사람들에게 부모를 거역하는 것은 상상할 수조차 없는 일입니다. 그러나 거의 21세가 된 내가 아버지께 당당히 선언한 그날 밤은 아직도 기억에 새롭습니다. 「아버지께서 원하시는 것은 무엇이든지 복종하겠습니다. 그러나 교회에 관한 한 아버지께 복종할 수 없습니다. 나는 주님께 복종해야만 합니다.」

아버지는 마치 그 자리에서 기절할 듯이 보였고, 총에라도 맞은 것 같았습니다. 그분은 더욱 신경질적으로 변하셨습니다.

존경심은 사라졌지만 나는 최선을 다해 아버지께 복종했습니다. 〈오늘 저녁 모임에 가도 될까요?〉, 〈안 돼〉, 그러면 나는 내 방으로 돌아가 기도하였습니다. 「주님 제발 아버지의 마음을 변화시켜 주세요.」 그러고는 다시 아버지께 가서 〈가도 되겠습니까?〉 하고 여쭈웠습니다. 〈안 돼〉 하고 아버지가 소리 지르시면 나는 다시 방으로 돌아갔습니다.

조금씩 그분은 양보하기 시작하셨습니다. 이길 수 없는 싸움임을 아버지는 알고 계셨습니다. 카타콤은 주일 예배를 드리기 위하여 다른 장소를 빌렸으며, 나는 항상 그곳을 찾았습니다. 화요일과 금요일의 성경 공부, 토요일 저녁의 청년회 모임 등 이러한 모임들이 나의 모든 생활이 되기 시작하였습니다.

거듭난 후 2년간 나의 영적 성장은 궤도를 따라 날아가는 로켓과 같았습니다. 1973년 말경에는 머브 왓슨 목사 부부가 단 위에서 찬양과 예배를 인도하는 데 동역하여 달라고 제의하기까지 하였습니다. 그러나 그때까지도 나는 대중 앞에서 말을 잘할 수가 없었습니다.

그 당시 만났던 성령 충만한 감리교 목사인 짐 포인터가 어느 날 쇼핑센터 안에 있는 가게에 잠시 들렀고, 우리는 주님의 일에 관하여 서로 이야기를 나누었습니다. 그때 그가 바로 피츠버그에서 열리는 쿨먼 여사의 부흥 집회에 같이 가자는 제의를 하였습니다.

그 집회 후 나 자신과 성령님과의 만남은 대단하였습니다. 나에게 나타나시는 하나님의 영역을 알아차리기까지는 며칠이나 걸렸습니다.

그 무렵 나는 가톨릭 교육 위원회의 서류 정리 비서로 일자리를 바꾸었습니다. 당시 사람들은 분명 나에 대해 이상하게 생각했을 것입니다. 하나님께서 내 생애에 하신 일을 생각하면 언제나 미소가 떠올랐으니까요.

일을 마치기가 무섭게 귀가해 내 방으로 뛰어 올라가 나는 그분께 말씀드리기 시작했습니다

「오 성령님, 여기 당신과 다시 함께 있게 되어 얼마나 기쁜지 모르겠어요.」

물론 그분께서는 항상 나와 함께 계셨습니다. 특히 내 방은 일을 나가지 않고 집에 있을 때는 하루 종일 그분과 개인적 교제를 나눌 수 있는 불가침의 장소가 되었습니다.

나는 방에서 교제를 갖습니다. 바로 성령님과의 교제입니다. 그리고 일을 나가지 않거나 내 방에 있지 않으면 항상 교회에 가려고 하였습니다. 그런 나에게 무슨 일이 일어났는가에 대해서는 아무에게도 말하지 않았습니다.

내가 아침에 집을 나설 때 그분도 나와 같이 나서셨습니다. 실제로 나는 누군가 옆에 있는 것처럼 느꼈습니다. 버스 안에서도 그분과 이야기하고 싶은 충동이 일었지만 사람들이 나를 돌았다고 할까 봐 그렇게 하지는 않았습니다. 일을 하면서도 나는 그분과 속삭일 시간을 가졌습니다. 점심시간에도 그분은 언제나 나와 함께하셨습니다. 날마다 집에 돌아오면 나는 즉시 내 방으로 뛰어 올라가서 방문을 잠그고 말하곤 했습니다. 「이제 우리뿐입니다.」 나의 영적인 여행은 계속되었습니다.

차 안에서의 성령님의 임재

여기에서 나는 성령님의 임재를 알아차리지 못한 때가 많았음도 밝혀 두고 싶습니다. 그분이 나와 함께하고 계심을 잘 알고 있었고, 그분과 너무나 친숙해졌기에 이제는 내 생애에 몇 차 있었던 특별한 때의 전류와 같은 충격은 느끼지 못하는 때도 있었습니다.

이러한 성령님의 임재를 다른 사람들이 느끼기 시작했습니다. 친구들이 나를 방문했을 때 여러 차례 성령님의 임재하셨기에 그들이 울먹이기 시작했던 것입니다.

한번은 짐 포인터 목사가 찾아와서 〈오늘 찬양을 인도할 감리교회에 같이 가고 싶어서 데리러 왔어. 원한다면 나와 함께 찬양할 수 있어〉 하고 말했습니다. 나는 찬양을 아주 잘하지는 못했지만 가끔씩 그를 도왔습니다.

그날 오후 나는 또 한 차례 성령님의 기름 부으심을 알아차리지 못했습니다. 짐이 기다리다 못해 밖에서 자동차 경적을 눌렀습니다. 계단을 뛰어 내려가면서 나는 뒤늦게야 주님이 함께하심을 알아차렸습니다.

자동차 앞좌석으로 뛰어들어 문을 닫는 순간, 짐이 울먹이기 시작했습니다. 할렐루야! 할렐루야! 그는 합창곡을 부르기 시작했습니다. 그는 나를 돌아보면서 말했습니다. 「베니, 차 안에 성령님이 함께하심을 느낄 수 있어.」

「물론이지, 그분이 차 안에 계시고말고. 그렇지 않으면 어디 계시겠어?」 내게는 그런 것이 보통이었습니다. 하지만 짐은 힘겹게 자동차를 몰고 갔습니다. 그는 계속 주님 앞에서 울먹이고 있었습니다.

한번은 내가 방 안에서 성령님과 이야기하는 동안 어머니가 복도를 청소하고 계셨습니다. 내가 방을 나서자마자 어머니는 순간적으로 뒤로 밀려나셨습니다. 무엇인가가 어머니를 벽으로 밀어붙인 것입니다.

내가 물었습니다. 「왜 그러세요, 어머니?」

「글쎄 말이다.」 어머니가 대답하셨습니다. 그때 사실 주님의 임재하심으로 인하여 어머니가 거의 넘어질 뻔하셨던 것입니다.

또 나의 형제들이 내게 가까이 왔을 때 느꼈던 이상한 일들을 여러분에게 얘기할 것입니다.

시간이 흐름에 따라 교회 청년들과 오락을 즐기고 싶은 마음도 없어졌습니다. 단지 주님과 함께하고만 싶었습니다. 「주님 세상이 어떤 것을 준다 해도 주님과 함께하고 싶어요.」가끔 이렇게 주님께 말씀드리곤 했습니다. 그들은 아마 여러 가지 게임이나 오락 아니면 축구 등을 즐겼을 것입니다. 하지만 이제 나는 그런 것들이 필요하지 않게 된 것입니다.

「제가 원하는 것은 바로 지금 이런 상태입니다. 이것이 무엇이든지 간에 제발 중단시키지 말아 주세요.」나는 점점 더 〈성령님과의 친교〉만을 원했던 바울의 심정을 이해하기 시작했습니다.

형제자매들이……

서서히 가족들도 하나둘씩 내게 질문을 던지기 시작했습니다. 이제 성령님께서는 우리 가정으로 들어오신 것이며 형제자매들에게는 영적인 굶주림이 일어나기 시작한 것입니다.

한 명씩 내게 와서 묻기 시작했습니다. 그들은 이렇게 물었습니다. 「베니, 너를 계속 지켜보고 있었어. 예수님은 정말 살아 계셔?」

여동생 메리가 먼저 주님께 마음을 열었습니다. 몇 달 후에 둘째 남동생 새미가 구원되었고, 그다음은 윌리였습니다.

나는 마음껏 〈할렐루야!〉하고 외쳤습니다. 내가 전도를 시작한 것도 아닌데 그렇게 된 것입니다.

이때쯤 아버지는 거의 미쳐 버릴 지경이 되셨습니다. 그분은 어쩌면 가족 모두를 예수에게 넘겨주게 될지도 모른다고 생각하셨습니다. 그는 어떻게 대처해야 할지 모르시는 것 같았습니다. 아버지와 어머니는 이미 나의 변화된 모습을 보셨을 뿐 아니라, 남동생 둘과 메리가 변화되었음을 아신 것이 틀림없었습니다.

내가 처음 주님께 나의 전부를 드렸을 때 주님과의 만남이라는 놀라운 사건이 있었습니다. 그러나 그것은 지금 내가 성령님과 함께 매일 동행하는 것에 비하면 아무것도 아닙니다. 지금은 주님께서 진실로 나를 만나고 계신 것입니다. 영광이 내 방에 가득 차 있었기 때문에 나는 어떤 때는 아홉 시간, 열 시간을 무릎 꿇고 주님께 예배드렸습니다.

1974년에는 내 삶 속에 넘쳐흐르는 하나님의 능력을 보았습니다. 나는 단지 〈안녕하세요, 성령님!〉 하고 인사했을 뿐이었습니다. 그러면 모든 것이 새롭게 시작되었습니다. 주님의 영광이 나와 함께 머무르고 계셨습니다.

4월 어느 날 나는 그것에는 무언가 이유가 있을 거라고 생각했습니다. 그래서 성령님께 여쭈웠습니다. 「주님 왜 저에게 이렇게 하시는 것입니까?」 나는 하나님께서 사람들에게 영적 충만을 계속해서 주시지는 않음을 알고 있었습니다.

그리고 기도를 시작했을 때 하나님께서 또 나타나셨습니다. 누군가가 내 앞에 서 계셨습니다. 그분은 불꽃 속에 휩싸여 있었으며 걷잡을 수 없을 정도로 움직이고 계셨고, 그분의 발은 땅에 닿지도 않은 채였습니다. 입을 열고 닫으시는 것이 마치 성경 구절에 묘사한 〈이를 갈음이 있으리라〉 한 것과 같았습니다.

순간 주님께서 내게 음성으로 말씀하셨습니다. 「복음을 전파하라.」

「하지만 주님, 저는 말을 잘할 수가 없는데요.」

이틀 후 밤에 주님께서는 두 번째 꿈을 보여 주셨습니다. 한 천사가 나타나 손에는 쇠사슬을 들고 아주 커다란 문을 붙들고 있었습니다. 그가 문을 열자, 그 안에는 보이는 모든 곳이 사람으로 차 있었습니다. 영혼들이었습니다. 그들은 크고 깊은 골짜기를 향하여 움직이고 있었습니다. 그 골짜기는 바로 이글거리는 불지옥이었습니다.

정말 무시무시한 장면이었습니다. 수천의 사람들이 불 속으로 떨어지는 것을 보았습니다. 맨 앞에 선 사람들은 떨어지지 않으려고 필사적이었습니다. 그러나 뒤에 있는 사람들 때문에 불꽃 속으로 밀려 떨어지고 있었습니다.

다시 주님께서 분명히 말씀하셨습니다. 「네가 복음을 전파하지 않는다면, 저 속에 떨어지는 사람 모두가 다 너의 책임이 될 것이다.」 나는 그제야 내 삶 속에 일어났던 모든 것이 복음을 전파할 한 가지 목적 때문이었음을 알았습니다.

오샤와에서 일어난 일

내 생활 속에서 주님과의 친교는 계속되었고, 주님의 영광도 늘 함께했으며, 주님의 임재도 떠나질 않았습니다. 그것은 오히려 점점 더 강해져 갔습니다. 말씀은 더욱 실감이 났고, 나의 기도 생활은 점점 힘차게 되어 갔습니다.

1974년 11월, 마침내 나는 더 이상 회피할 수 없게 되었습니다. 그래서 주님께 기도했습니다. 「주님께서 어느 예배에나 항상 저와 함께해 주신다는 조건으로 복음을 전파하겠습니다. 주님, 당신께서는 제가 말을 더듬는다는 사실을 잘 알고 계십니다.」 그러고 나서도 나는 계속 말을 더듬는 문제로 고민했고, 당황해하고 있었습니다.

　　〈네가 복음을 전파하지 않는다면, 저 속에 떨어지는 사람 모두가 다 너의 책임이 될 것이다〉라는 주님의 음성과 불꽃 속에서 타고 있는 사람들의 모습이 내 마음속에서 지워져 없어지는 것은 거의 불가능한 것 같았습니다.

　　〈전도를 시작해야만 하겠어〉 하고 속으로는 다짐했지만, 전도지를 돌리는 정도로는 충분치 않을 것 같았습니다. 그러던 12월 첫 주 어느 오후, 나는 토론토에서 동쪽으로 약 50킬로미터 떨어진 오샤와에 살고 있는 스탠과 셜리 립스 부부의 집에 앉아 있었습니다.

　　「제가 말씀을 좀 드려도 될까요?」 나는 말을 꺼냈습니다. 전에는 나의 경험과 꿈, 환상에 관해 누군가에게 모든 이야기를 해주고 싶다고 느낀 적이 없었습니다. 나는 거의 세 시간 동안이나 내가 알고 있는 주님에 대해 마음속의 것들을 털어놓았습니다.

　　내가 이야기를 채 끝내기도 전에, 스탠이 말을 중단시키면서 〈베니, 오늘 저녁 우리 교회에 와서 그 이야기를 꼭 다시 해줄 수 없겠소?〉 하고 제의했습니다. 그는 오샤와에 있는, 〈원형

창고〉라고 불리는 삼위일체 하나님의 성회 소속의 교회에 나가고 있었습니다. 신도는 100여 명쯤 되었습니다.

그때의 내 모습을 여러분이 한번 보았더라면 좋을 뻔했습니다. 그때 내 두발은 어깨까지 닿았고, 그러한 청을 전혀 예기치 못했기 때문에 교회에 가기 위한 복장을 하고 있지도 않았습니다.

그러나 1974년 12월 7일, 스탠은 나를 그 교회 회중에게 소개하였고, 나는 난생처음으로 설교를 하기 위해 강단에 서게 되었습니다. 그런데 이상하게도 입을 열자마자 무엇인가가 내혀에 닿는 것 같았고, 느슨해진 느낌이었습니다. 감각을 잃은 느낌이었습니다. 나도 모르는 사이에 나는 하나님의 말씀을 아주 유창하게 선포하기 시작한 것입니다.

놀라운 일이었습니다. 하나님은 내가 회중 안에 앉아 있을 때도, 내가 강단으로 걸어 나올 때도 나를 고치지 않으셨습니다. 하나님께서는 내가 입을 열고 복음을 전파할 때에야 비로소 이적을 나타내 주신 것입니다.

나의 혀가 자유로워졌을 때 〈그럼 그렇지〉 하고 나는 말했습니다. 이제 말더듬이 증세가 치유된 것입니다. 증세는 두 번 다시 재발하지 않았습니다.

집 안에서는 대화가 거의 없었으므로 나의 부모님들은 내가 치유된지를 모르고 계셨습니다. 물론 무엇인가가 나를 더듬게 하기 전에는 짧은 시간 동안 눈에 띌 만한 문제 없이 말할 수는 늘 있었습니다.

그러나 나는 내가 완전히 치유되었다는 것을 알았습니다. 그리고 나의 복음 사역은 버섯처럼 성장하였으며, 나는 거의 매일 교회나 구역 예배 같은 곳에 초청되었습니다. 항상 하나님의 뜻 가운데 있는 것 같은 느낌이었습니다.

난 이젠 죽었다

이미 다섯 달 동안이나 내가 전도자로 지내 왔는데도 어머니와 아버지는 눈치도 채지 못하셨습니다. 그렇게 오랫동안 모르게 지속된 것도 이적 자체였습니다. 형제들은 알고 있었으나, 아버지가 그런 사실을 아시는 날에는 베니가 끝장나는 줄 알고 있었기 때문에 그들은 감히 말씀드릴 수가 없었습니다.

1975년 4월, 일간지 『토론토 스타』의 광고란에 나의 사진이 실렸습니다. 토론토 서부 지역에 있는 어느 작은 오순절 교회에서 설교할 예정이었는데, 그 교회 목사가 사람들에게 널리 알리기 위해 광고를 낸 것이었습니다.

광고는 즉시 효과를 본 셈입니다. 아버지와 어머니가 보셨으니 말입니다. 일요일 저녁 그 교회에서 찬송 인도가 진행되는 동안 나는 강단 위에 앉아 있었는데, 내 눈을 의심할 만한 것을 보았습니다. 아버지와 어머니가 앞에서 셋째 줄 좌석에 안내되어 앉아 계셨습니다.

〈오늘이 마지막이야, 난 이젠 죽었어〉라고 나는 생각했습니다.

나는 내 곁에 앉아 있는 친구 짐 포인터 목사에게 말했습니다. 「짐, 기도 좀 해줘. 기도를!」 그도 나의 어머니와 아버지가 오셨다는 말에 깜짝 놀랐습니다.

〈주님, 오늘 밤 제가 말을 더듬지 않는다면, 정말 치유된 줄로 알겠나이다〉 하고 천 번이나 마음속으로 기도했습니다. 그날 밤 예배처럼 내가 떨어 본 적은 없었습니다. 불안은 항상 나로 하여금 말을 더듬게 만들었습니다.

설교를 시작했을 때 하나님의 임재로 말미암은 능력이 나를 통해 역사하기 시작했습니다. 그러나 나는 부모님 쪽은 한순간도 똑바로 쳐다볼 수가 없었습니다. 그런데 이게 웬일입니까? 말을 더듬는 것에 대한 걱정은 필요도 없었음을 곧 알게 되었습니다. 하나님께서 나를 치유하셨습니다. 나를 영구히 치유하신 것입니다.

집회가 끝나자 부모님은 곧 일어나서서 뒷문으로 걸어 나가셨습니다. 예배 후 나는 짐에게 말했습니다. 「기도 좀 해줘. 앞으로 몇 시간 안에 나의 갈 길이 결정된다는 사실을 알고 있겠지? 너의 집에서 하룻밤 묵을까 봐.」

그날 밤 나는 토론토 온 시내를 정처 없이 차를 몰고 다녔습니다. 나는 적어도 새벽 2시까지는 기다렸다 들어가고 싶었습니다. 그 시간쯤에는 부모님이 잠자리에 드실 것을 알고 있었습니다.

정말 부모님의 얼굴을 대하고 싶지 않았습니다.

늦을수록 좋을 듯싶었습니다.

4

인격 대
인격

여러분은 이제 성령님을 개인적으로 만날 준비가 되었습니까? 그분의 음성을 듣기를 원합니까? 그분을 인격으로서 알고자 하는 준비가 되었나요?

바로 이런 것들이 나에게 일어났습니다. 내 삶을 철저하게 변화시킨 것입니다. 그것은 지극히 개인적인 체험이었으며 하나님의 말씀에 바탕을 둔 것이었습니다.

〈그것은 체계적인 성경 공부의 결과인가요?〉 하고 여러분은 질문하겠지요. 아닙니다. 내가 성령님을 내 개인적인 친구로 청하였을 때 일어난 것입니다. 그 후 그분은 계속해서 내 인도자로 계시며, 나의 손을 잡고 〈모든 진리 안으로〉 나를 인도해 주고 계십니다.

그 인도하심은 1973년 12월 성령님께서 내 방으로 들어오신 순간부터 지금까지 쉬지 않고 계속되고 있습니다. 달라진 것이 있다면 다만 처음 그분을 만났을 때보다 지금 그분을 더 잘 알고 있다는 사실뿐입니다.

그럼, 처음부터 시작할까요? 우선 성령님께서는 내 삶을 바꾸어 놓으셨습니다. 그리스도께 내 마음속에 들어오시기를 간청한 순간부터 성령님은 나와 함께하셨으며, 나는 거듭나게 되었습니다. 그러고는 성령의 세례를 받는 그 순간이 왔습니다. 나는 그때 성령으로 〈충만〉되었고, 방언을 하게 되었습니다. 성령님은 내게 그분의 임재와 은사들을 나누어 주셨습니다. 많은 크리스천이 대개 같은 경험을 하지만 거기서 대부분 중단하고 맙니다. 왜냐하면 그들은 오순절에 일어났던 일이 성령의 은사 중에서 단지 한 가지에 지나지 않는다는 사실을 깨닫지 못하기 때문입니다.

나는 여러분이 이것을 알기를 바랍니다. 구원보다도, 물세례를 받는 것보다도, 성령으로 충만하는 것보다도, 삼위일체 하나님 중 제3위의 인격께서 여러분과 개인적으로 만나기를 기다리고 계신다는 사실을 말입니다. 그분은 일생 동안의 관계를 갈망하십니다. 그것은 곧 여러분이 깨닫게 될 것들입니다.

친교의 시작

고된 노력의 끝

몇 해 전 여러분이 나에게 전화를 걸어 나를 알게 되었다면, 또 우리가 통화를 몇 차례 계속하였으나 만난 적이 없다면 여러분은 나에 대해 정말 무엇을 알고 있을까요?

〈전화를 통해 당신의 목소리를 알고 있지요〉 하고 여러분은 이야기하겠지만 아마 고작 그 정도일 것입니다. 만약 길거리에서 나를 본다면 여러분은 나를 알아보지 못할 것입니다.

그러나 우리가 대면을 한 적이 있다고 합시다. 즉시 손을 내밀어 악수를 하게 되겠지요. 내가 어떻게 생겼는지, 내 머리카락과 눈동자의 색깔은 무엇이며, 어떤 옷을 입었는지 알 것입니다. 아마 우리가 식사를 같이하러 간다면 내가 커피를 좋아하는지 차를 좋아하는지도 알게 될 것입니다.

만날 때마다 사람에 대해 아는 것이 늘어 갈 것입니다.

성령님과 내가 만났을 때도 바로 그런 관계가 시작된 것입니다. 나는 나를 크리스천으로 변화시키신 그분의 인격에 관한 것을 발견하기 시작했습니다. 구원은 나를 인간다운 인간으로 변화시켰습니다. 정말 성령님께서는 나의 신앙생활에서 강하게 역사하셨습니다.

성령님을 알기 시작하면서부터 나는 그분에게 매우 민감하게 되었고, 무엇이 그분을 근심시키는가를 배웠으며 또한 무엇이 그분을 기쁘시게 하는가도 배웠습니다. 그분이 어떤 것을 좋아하시며 어떤 것을 좋아하시지 않는가를 알게 되었고, 무엇이 그분을 화나시게 하고 무엇이 그분을 즐거우시게 하는가도 알게 되었습니다.

나는 드디어 성경 자체가 성령님에 의해서 기록되었다는 것을 이해하기에 이르렀습니다. 그분은 성경 저자의 한 사람한 사람을 모든 과정에서 사용하시되 자신이 직접 역사하신 것입니다.

오랫동안 나는 성경을 이해하려고 고된 노력을 하였습니다. 그런데 어느 날 〈놀라우신 성령님, 이 구절이 무엇을 뜻하는지 제게 말씀해 주시지 않겠습니까?〉 하고 기도하자 그분은 내게 말씀해 주셨고, 그 구절의 뜻을 알려 주셨습니다.

주님은 내게 일어날 일을 준비시키기 위해 캐서린 쿨먼 여사의 집회를 사용하셨던 것 같습니다. 그러나 쿨먼 여사가 나와 함께 앉아서 성령님에 관하여 말해 준 것은 아무것도 없습니다. 내가 배운 모든 것은 성령님으로부터 직접 왔습니다. 그러기에 그것은 생생했고, 새로웠으며, 나의 것이 되었습니다.

피츠버그 집회에서 집으로 돌아왔을 때 나는 무릎을 꿇었습니다. 나는 정직하고 솔직하게 말했습니다. 「귀하신 성령님, 저는 당신을 알기를 원합니다.」 그때 내가 얼마나 흥분되어 있었는지 절대로 잊지 못할 것입니다. 그리고 그날부터 그분을 형제처럼 점차로 알게 되었습니다. 진실로 그분은 내 가족의 일원이셨습니다.

성령님은
누구십니까?

누가 이 땅 위에 계십니까?

〈성령님은 누구십니까?〉 하고 여러분은 묻겠지요? 그분은 이 땅 위에서 가장 아름다우시며, 가장 귀하시며, 가장 사랑스러우신 분임을 여러분이 알게 되기를 바랍니다. 성자 하나님은 이 땅 위에 계시지 않습니다. 성부 하나님도 이 땅 위에 계시지 않습니다. 그 두 분은 모두 지금 천국에 계십니다.

그러면 누가 이 땅 위에 계십니까? 성령 하나님이십니다. 성부 하나님께서는 그분의 일을 하시고자 하였을 때 부활하신 아들을 통하여 하셨습니다. 성자 하나님께서 하늘로 올라가셨을 때 성령 하나님께서 오셨고, 그분은 아직도 그분의 일을 이 땅 위에서 하고 계십니다.

생각해 보십시오. 성자 하나님께서 떠나셨을 때 그분은 요한이나 베드로를 데리고 가지 않으셨습니다. 그분은 이렇게 말씀하셨습니다. 「어린 자녀들아, 아직 잠시 동안은 내가 너희와 함께 있겠다. 그러나 너희가 나를 찾을 것이다. 내가 일찍이 유대 사람들에게 〈내가 가는 곳에 너희는 올 수 없다〉 하고 말한 것과 같이, 지금 나는 너희에게도 말하여 둔다.」(요한복음 13장 33절)

그러나 성령 하나님이 떠나실 때는, 많은 믿는 자가 믿는 것과 같이, 그분은 주님께서 구속하신 자를 데리고 가실 것입니다. 그것을 휴거라고 부릅니다. 우리는 주님을 만나기 위해 공중으로 그분과 함께 들려 갈 것입니다.

그 성령님은 누구십니까? 나는 한때 그분은 안개와 같은 존재라고 생각했으며, 내가 전혀 알 수 없는, 어떤 떠돌아다니는 것으로 생각했습니다. 그러나 이제야 그분은 실재하실 뿐만 아니라 인격을 갖추고 계신다는 사실을 배운 것입니다.

우리 속에는 무엇이 있습니까?

무엇이 우리를 인격체로 만듭니까? 육체입니까? 그렇지 않다고 생각합니다. 여러분은 장례식 때 관 속에 누워 있는 시체를 본 적이 있을 것입니다. 거기서 여러분은 인격체를 보았습니까? 아닙니다, 여러분은 죽은 육신을 보았을 뿐입니다.

인격체를 만드는 것은 육체가 아니라는 사실을 알았을 것입니다. 인격체는 육체로부터 나오는 감정, 의지, 지성, 감각 등을 말합니다. 이러한 것들이 여러분을 인격체로 만들고 여러분에게 개성을 주는 몇 가지 특성들입니다.

내가 설교하는 것을 바라보는 사람들은 베니 힌을 바라보고 있는 것이 아닙니다. 그들은 단지 나의 육체를 바라보고 있는 것입니다. 나는 내 육체 속에 있습니다. 중요한 것은 속에 있는 인격체입니다.

성령님은 인격체이십니다. 바로 여러분과 같이 그분은 느끼실 수 있고, 인식하시며, 반응하실 수 있습니다. 그분은 상처받으실 수도 있습니다. 그분은 사랑하실 수 있는 능력과 싫어하실 수 있는 마음도 가지고 계십니다. 그분은 말씀하시며, 그분은 자신의 의지를 가지고 계십니다.

정확하게 그분은 누구십니까? 성령님은 성부 하나님의 영이시며 성자 하나님의 영이십니다. 그분은 삼위일체 하나님의 능력이십니다.

그분이 하시는 일은 무엇일까요? 성령님이 하시는 일은 성부 하나님의 명령과 성자 하나님의 수행이 이루어지게 하는 것입니다.

성령 하나님의 일을 이해하기 위하여 우리는 아버지의 일과 아들의 일을 이해해야 할 필요가 있습니다. 성부 하나님은 명령을 내리시는 분입니다. 그분은 항상 〈거기 있으라〉 하고 말씀하시는 분입니다. 태초로부터 명령을 내리시는 하나님이십니다.

한편 성자 하나님은 아버지의 명령을 수행하시는 분입니다. 성부 하나님께서 말씀하시길 〈빛이 있으라〉 하시면 성자 하나님이 그것을 수행하십니다. 그리고 성령 하나님은 빛을 가져오십니다.

이렇게 설명해 보지요. 내가 만약 여러분에게 〈불 좀 켜주세요〉라고 요청했다면 세 가지 힘이 관련이 됩니다. 첫째, 나는 명령을 내리는 자가 될 것입니다. 둘째, 여러분은 스위치로 걸어가서 스위치를 누르는 일을 하는 사람이 될 것입니다. 다른 말로 표현하면 여러분은 명령의 수행자입니다. 그러나 마지막으로 누가 빛을 가져옵니까? 나도 아니요, 여러분도 아닙니다. 그것은 빛을 만드는 능력, 즉 전기입니다.

성령은 하나님의 능력이십니다. 그분은 성부 하나님과 성자 하나님의 능력이십니다. 그분은 성자 하나님의 수행을 행동으로 나타내시는 분입니다. 그리고 그분은 인격체이십니다. 그분은 삼위일체 하나님 중에서 독특한 방법으로 감정을 나타내시는 분입니다.

나는 이런 질문을 받은 적이 있습니다. 「베니, 이런 것들 때문에 그리스도의 중요성을 잊어 가는 것이 아닐까요?」 천만에요. 어떻게 나를 사랑하시고, 나를 위해 돌아가신 분을 잊을 수가 있겠습니까? 그러나 어떤 사람들은 〈너무 예수님에게 초점을 맞추다 보니, 그의 아들을 보내시기까지 우리를 사랑하신 하나님 아버지를 잊을 수도 있는 것 같습니다〉라고 말하기도 합니다. 나는 하나님 아버지나 그 아들을 잊을 수는 없습니다. 그러나 성령님 없이는 하나님 아버지나 그 아들과 접촉할 수가 없는 것입니다.

친교

성령님과의 만남

성령님을 처음 대하는 동안 나는 눈물을 계속 흘린 적이 있었습니다. 나는 여러분에게 말하고 있는 것처럼 단순하게 그분께 여쭤웠습니다. 「당신과 함께 무엇을 해야 하나요? 당신께서 좋아하시는 것이 무엇인지 말씀해 주시겠습니까?」 솔직히 나는 배우려고 애쓰는 어린아이나 다름없었습니다. 그리고 나의 솔직한 질문에 그분께서 화내시지 않는다는 것을 나는 느꼈습니다.

성령님께서 주신 대답이 여기 있습니다. 「나는 너와 함께 교제하기를 원하는 자니라.」 손가락을 〈탁〉 튕기는 것처럼 한 구절이 내게 스쳐 지나갔습니다.「주 예수 그리스도의 은혜와 하나님의 사랑과 성령의 사귐이 여러분 모두와 함께 하기를 빕니다.」(고린도후서 13장 13절)

나는 〈그럼 그렇지. 성령님은 교통하시는 분이며 나와 교제를 하시는 분이지〉 하고 생각하고서 또 여쭈었습니다.「어떻게 아들 예수님이 아닌 당신과 친교를 나눌 수 있나요?」

그분은 대답하셨습니다.「바로 그거야. 나는 하나님 아버지께 기도하는 너를 여기서 돕고 있단다. 그리고 네가 아들 예수님께 부탁하는 것도 돕고 있지.」

기도에 임하는 나의 자세가 곧 달라졌습니다. 마치 천국 문을 열 수 있는 금열쇠를 받은 것 같았습니다. 그 순간부터 나는 예수님의 이름 안에서 하나님께 기도할 수 있도록 도와주시는 친한 친구를 갖게 된 것입니다. 그분은 말 그대로 나의 무릎을 꿇도록 인도하셨으며 하나님 아버지와 쉽게 교통할 수 있도록 만드셨습니다.

얼마나 좋은 친교입니까! 그것이 바로 성령님께서 바라시는 여러분과의 친교입니다!

이렇게 설명해 봅시다. 친교에는 어떤 요구도 없고 청원도 없습니다. 〈먹을 것 좀 가져다주시겠어요?〉 이렇게 묻는다면 그것은 요구입니다. 그러나 친교는 더욱더 개인적입니다. 〈오늘은 어떠세요? 아침 식사를 같이 하실까요?〉 하는 것이 친교입니다.

친교 안에는 이기적인 요구가 있을 수 없고, 단지 우정과 사랑, 그리고 교류만이 있을 뿐입니다. 바로 그것이 성령님께서 나와 함께하셨던 방법입니다. 나는 기도하기 전 성령님을 대합니다. 「귀하신 성령님, 지금 오셔서 기도하려는 저를 도와주세요.」

성경에는 이렇게 씌어 있습니다.

「이와 같이, 성령께서도 우리의 약함을 도와주십니다. 우리는 어떻게 기도해야 할지도 알지 못하지만, 성령께서 친히 이루 다 말할 수 없는 탄식으로, 우리를 대신하여 간구하여 주십니다. 사람의 마음을 꿰뚫어 보시는 하나님께서는, 성령의 생각이 어떠한지를 아십니다. 성령께서, 하나님의 뜻을 따라, 성도를 대신하여 간구하시기 때문입니다.」(로마서 8장 26~27절)

우리가 어떻게 말할 바를 모를 때 성령님께서 우리를 돕기 위하여 오십니다.

그리고 내가 배운 한 가지 원칙이 있습니다. 성령님은 성경을 가르치는 오직 한 분뿐인 스승이십니다.

「우리는 세상의 영을 받은 것이 아니라, 하나님에게서 오신 영을 받았습니다. 그것은, 하나님께서 우리에게 은혜로 주신 선물들을 우리로 하여금 깨달아 알게 하시려는 것입니다. 우리가 이 선물들을 말하되, 사람의 지혜에서 배운 말로 하지 아니하고, 성령께서 가르쳐 주시는 말로 합니다. 다시 말하면, 신령한 것을 가지고 신령한 것을 설명하는 것입니다.」(고린도전서 2장 12~13절)

성령님과의
동행

점잖지만 강력하게

성령님과의 첫 대면부터 나는 그분이 〈모든 진리 안으로〉 나를 인도하시는 분, 곧 위대한 스승이시라는 사실을 알기 시작했습니다. 바로 그것이 내가 그분께 이렇게 간구한 이유입니다. 「이 성경 말씀이 뜻하는 바를 제게 말씀해 주세요.」

그러나 여전히 〈당신은 누구십니까? 왜 당신은 그렇게도 다르십니까?〉라고 여쭙고 싶을 때는 〈당신이 무엇과 닮으셨는지 알고 싶습니다〉라고 말씀드리곤 하였습니다.

그분이 내게 나타내 보이셨던 것은 강하면서도 동시에 어린아이 같으신 모습이었습니다. 그분은 나에게 〈네가 어린아이를 괴롭히면 그 아이는 너로부터 멀어지려 할 거야. 대신 그 아이를 사랑하면 그도 너를 가까이하게 될 거야〉 하고 말씀하셨습니다. 이것이 내가 그분께 접근하기 시작했던 방법입니다. 나는 그분이 매우 점잖으시지만, 또한 강력하시고 능력이 많으시다고 느꼈습니다. 그러나 어린아이와 같이 자신을 사랑하는 자를 가까이하고 싶어 하셨습니다.

엄마의 치맛자락이나 아버지의 바지를 잡아당기는 어린 사내아이나 여자아이를 본 적이 있겠지요? 부모가 어디를 가나 아이들은 매달려 따라갑니다. 그것이 바로 어린아이들이 사랑받고 보살핌을 받고 있다는 확실한 표시입니다. 성령님과 함께하는 길도 이와 마찬가지입니다. 그분은 당신을 사랑하는 자를 가까이하십니다.

위대한 복음 사역자인 찰스 피니가 복음을 전파하였을 때 어떻게 사람들이 〈능력 아래 완전히 쓰러져〉 자신들의 죄를 고백할 수 있었을까요? 요한 웨슬리가 묘비 위에 서서 설교하기 위해 입을 열었을 때 그에게 내려진 능력은 무엇이었을까요? 그것은 그들의 사역에 동행하신 성령님이란 분이 계셨기 때문입니다.

캐서린 쿨먼 여사가 뉴욕 순복음 실업인 대회를 마쳤을 때 그녀는 군중을 피하기 위해 주방을 지나 엘리베이터로 안내되었습니다. 요리사들은 대회가 어찌 되었는지, 쿨먼 여사가 어떤 사람인지 전혀 알지 못했습니다. 그녀가 주방을 통해 지나가는지 몰랐지만 그들은 하얀 주방 모자와 앞치마를 두른 채 마룻바닥에 나뒹굴었습니다. 쿨먼 여사는 그들을 위해 기도하지 않고 단지 그 옆을 지나갔을 뿐이었습니다. 그런데 왜 그런 일이 일어났을까요? 대회를 마쳤을 때에도 그녀 주위에 임재하신 성령님의 능력이 계속 나타났기 때문인 것 같습니다.

성령님은 누구십니까? 그분은 주님의 능력이십니다.

그 능력은 방 안에서 혼자 기도하기 시작하였을 때 나에게 나타나시게 되었습니다. 날이 갈수록, 시간이 흐를수록 나는 손을 높이 들고 기도했습니다. 「귀하신 성령님, 지금 오셔서 말씀해 주세요.」 내가 어디로 갈 수 있었겠습니까? 나의 가족이 나에게 등을 돌리고 있던 시절이었고, 친구들도 거의 없었습니다. 오직 그분, 오직 성령님만이 내 곁에 계셨습니다.

그분은 여름철의 시원한 바람처럼 오셨던 적도 있습니다. 주님을 향한 나의 기쁨은 더 이상 담을 수 없을 정도로 가득했습니다. 〈성령님, 당신을 사랑합니다. 당신과의 친교를 원합니다〉 하고 말씀드리자, 그분 또한 나와의 친교를 바라고 계신다는 것을 알게 되었습니다.

저녁 식사는 조금 늦더라도!

나는 언젠가 영국의 어느 크리스천 집에 머문 적이 있었습니다. 내가 묵은 방은 그 집의 제일 위층에 있었습니다. 어느 날 저녁, 나는 성령님과 이야기하며 세상에서 가장 좋은 시간을 보내고 있었습니다. 그때 그 집 안주인이 불렀습니다. 「베니, 저녁 식사가 준비되었는데요.」

그러나 나는 내가 묵고 있는 방을 떠나고 싶지 않았기 때문에 잠시 머뭇거렸습니다. 그녀가 다시 부르는 소리가 들려서 할 수 없이 내려가려는데 누군가가 나의 손을 잡아당기며 이렇게 말하는 듯했습니다. 「5분만 더, 딱 5분만 더.」 성령님께서는 나와의 친교를 더 원하고 계셨습니다.

〈무슨 이야기를 하고 있었나요?〉 하고 여러분은 묻고 싶겠지요? 나는 그분에게 여러 가지 질문을 했습니다.

예를 들면, 하루는 〈하나님 아버지와 아들 예수님과 당신을 어떻게 구별할 수 있나요?〉 하고 내가 여쭈었습니다. 그분은 즉시 돌에 맞은 스데반을 보여 주시며 〈스데반은 하나님 아버지와 아들 예수님을 보았고, 그때 나는 스데반 안에 있었지〉라고 말씀하셨습니다. 여기에서 하나님의 세 인격이 개별적으로 구분되는 것입니다.

성령님은 스데반에게 그의 고난을 극복할 수 있도록 능력을 주신 분입니다. 예수님은 그가 오길 기다리시던 분이며, 하나님 아버지는 보좌에 앉아 계셨던 것입니다. 여러분도 사도행전 7장 54절에서 56절을 다시 한번 읽어 보십시오.

성령님은 내게 더 많은 것을 보여 주셨습니다.

성령님은 모세에게 이스라엘 백성들을 인도할 수 있는 능력을 주신 분이었습니다.

성령님은 여호수아의 생애 안에서 능력이셨습니다.

성령님은 홍해를 가른 바람의 원천이셨습니다.

성령님은 여리고 성을 무너뜨린 막강한 힘이셨습니다.

성령님은 골리앗을 넘어뜨린 다윗의 조약돌 뒤에 숨겨진 에너지이셨습니다.

성령님은 사무엘과 엘리야의 생애에, 그리고 주 예수 그리스도 안에 있던 힘이셨습니다.

성경에 분명히 기록되신 예수님은 성령님 없이는 역사하지 않으시는 완전한 인간이었습니다. 예수님은 성령님 없이는 설교하지 않으셨으며, 병든 자에게 손을 얹지도 않으셨습니다. 예수님이 사역을 시작하실 때 말씀하셨습니다. 「주님께서 내게 기름을 부으셔서, 가난한 사람에게 기쁜 소식을 전하게 하셨다.」(누가복음 4장 8절)

예수님께서 아버지께로 올라가셨을 때 무슨 일이 일어났습니까? 갑자기 제자들이 성령님과 교제를 함으로써 그들의 말씨가 완전히 달라졌습니다. 그들은 〈성령님과 우리는〉 예수님 부활의 증인들이라고 말하기 시작했습니다. 그분은 그들의 삶 속의 모든 활동의 일부분이 되신 것입니다. 그들은 예수님을 위하여 성령님과 함께 일하며 완전한 친교를 나누고 있었습니다.

사도 바울의 생애에서 그에게 고난을 견딜 수 있도록 힘을 준 것은 무엇이며, 베드로의 삶 속에서 그의 그림자까지도 병든 자를 치유하게 한 것은 무엇이었겠습니까? 바로 성령님께서 손을 대셨기 때문입니다.

데이비드 윌커슨은 하나님의 사람인 바실리아 슈링크 수녀를 만나러 간 일에 대해 내게 말한 적이 있습니다. 방으로 들어서는 순간, 그는 주님의 임재를 느낄 수 있었다고 합니다. 왜냐하면 그녀는 성령님을 사랑하고 있었기 때문입니다. 성령님을 사랑하는 사람들은 그분의 임재를 아는 것입니다.

성령님의 음성을 아십니까?

예수님께서 아직 이 땅 위에 계셨을 때 제자들은 자신들에게 문제가 생기면 누구에게 갔을까요? 그들은 예수님께 가서 〈어떻게 할까요?〉 하고 여쭤 보았습니다. 그러면 주님께서는 그들에게 지시하셨습니다. 그리스도께서는 아버지 하나님께 올라가신 후에도 그들을 홀로 남겨 두지 않으셨습니다. 예수님께서 말씀하시길, 〈성령님께서 너희를 인도하실 것이다. 그분께서 너희를 위로하실 것이며, 너희를 권고하실 것이며 내가 너희에게 말한 것을 생각나게 하시리라. 그분은 나에 관하여 너희에게 이르실 것이다〉라고 하셨습니다.

베드로와 요한은 〈놀라우신 성령님〉이라 말했으며 바울은 그분과의 〈친교〉에 대해 말한 바 있습니다. 베드로가 욥바에 있는 시몬의 집 지붕 위에서 환상을 보고 난 후 전한 말씀입니다. 「보아라, 세 사람이 너를 찾고 있다. 일어나서 내려가거라. 그들은 내가 보낸 사람들이니, 의심하지 말고 함께 가거라.」 (사도행전 10장 19~20절)

그때 베드로는 성령님의 음성이라는 것을 알 수 있었습니다. 그것이 이방인에게 전파되는 복음의 시초였습니다.

그런데 에티오피아 내시는 어떻게 변화되었습니까? 그때에 성령이 빌립에게 〈가서, 마차에 바짝 다가서거라〉(사도행전 8장 29절) 하고 말씀하셨습니다.

빌립도 성령님의 음성을 알아차린 것입니다. 그 음성은 성부 하나님께서 그에게 말씀하신 것도 아니고, 성자 하나님께서 하신 것도 아니었습니다. 바로 성령님께서 하신 것이었습니다. 그분은 의지를 가지신 분으로서 당시 아버지 하나님의 사역을 하고 계셨습니다. 나는 성령님께 대한 가장 큰 죄는 그분의 능력이나 임재를 부인함으로써 그분을 근심시키는 것이라 믿습니다. 성경 어느 곳에서도 〈성부 하나님을 근심시키지 말라〉거나 〈성자 하나님을 근심시키지 말라〉고 한 곳은 찾아

볼 수가 없습니다. 그러나 〈성령을 근심시키지 말라〉고 한 구절들이 있다는 것을 여러분은 잘 알고 있을 것입니다.

하나님께서는 광야에서 이스라엘 백성들에게 〈너희는 나의 영을 상하게 하였도다〉라고 말씀하셨지 〈나를 근심시켰도다〉라고는 말씀하지 않으셨습니다. 예수님께서도 바리새인을 바라보고 말씀하셨습니다.「누구든지 인자를 거슬러서 말하는 사람은 용서를 받을 것이지만, 성령을 거슬러서 모독하는 말을 한 사람은 용서를 받지 못할 것이다.」(누가복음 12장 10절)

성령님이란 분은 삼위일체 하나님 중에서도 독특하신 분입니다. 그분은 아주 부드러우시며, 아주 민감하십니다. 그러나 예수님께서 그분을 여러분과 또 나에게 주셨기 때문에 그분은 우리를 떠나시지 않습니다.

성령님은 점잖으신 분입니다. 그분은 여러분이 당신을 청하기 전에는 여러분의 마음의 방에 들어가지 않으십니다. 여러분이 그분께 앉으시라고 권하기 전에는 그분은 앉지 않으십니다. 그리고 여러분이 그분께 말씀드리기 전에는 말씀하지 않으십니다.

그분은 얼마나 여러분을 기다리실까요? 여러분이 그분께 말씀드릴 때까지입니다. 몇 달이 될 수도 있고 몇 년이 될 수도 있습니다. 그분은 단지 기다리시고 또 기다리십니다. 형제자매 여러분, 여러분이 가서 그분 옆에 앉아서 〈사랑하는 성령님, 저에게 예수님에 대해 말씀해 주세요〉 하고 말씀드릴 때까지 여러분은 그분의 능력을 결코 모를 것이며, 그분의 임재를 깨닫지 못할 것입니다.

수화기를 놓칠 뻔하다

한번은 플로리다주에서 방송 좌담에 나간 적이 있었는데, 나를 인터뷰한 기자가 물었습니다. 「베니 씨, 전 오랫동안 크리스천이었지만 제 생활에서는 무언가 허전함이 있어요.」

「무엇을 갈망하고 계십니까?」 내가 물었습니다.

「제 생활에서 하나님의 사실성이 필요한 것 같아요.」

내가 그녀에게 성령님을 알고 있느냐고 물었더니 그녀는 〈예수님은 알고 있어요〉 하고 대답했습니다.

「성령님은 인격이십니다. 만약 당신이 저를 무시한 채 여기 앉아 계신다면 제가 어떻게 느끼겠어요? 우리가 만날 때 저는 당신이 저와 이야기하기를 바랍니다. 성령님과의 관계도 그것과 똑같은 것이랍니다.」

「전 전혀 그렇게 생각해 본 적이 없는데요.」

「당신이 오늘 저녁 혼자 계실 때 그분께 말씀하세요. 아주 간단합니다.」 나는 그녀가 찾고 있는 사실성을 발견할 것으로 확신하고 있었습니다.

「예수님은 어떡하고요?」 그녀가 물었습니다.

「가만히 앉으셔서 성령님을 기다리십시오. 그분이 바로 예수님을 영화로우시게 하시는 분입니다. 절대 당신은 예수님을 잊지 않으실 것입니다. 결국은 그리스도께서 당신에게 성령님을 주신 것입니다. 예수님께서 말씀하신 그대로만 하십시오.」

다음 날 아주 흥분된 목소리로 그 기자에게서 전화가 왔습니다. 「어젯밤 제게 무슨 일이 일어났는지 알고 계세요? 베니 씨, 성령님께서 제게 말씀하셨어요.」 그녀가 너무 급히 말해서 내가 자제시킬 정도였습니다.

그녀의 말 때문에 나는 흥분하였고 하마터면 수화기를 놓칠 뻔하였습니다. 그녀는 성령님께서 〈온 세상을 둘러보았지만 예수님 같은 분은 전혀 없었어〉 하고 자신에게 하신 말씀을 내게 전하면서 울먹이기 시작하였습니다. 그러고는 〈주 예수여, 오소서. 어서 오소서, 주 예수여〉라는 자신이 들은 말씀을 전해 주었습니다.

그 즉시 나는 〈성령과 신부가 《오십시오!》 하고 말씀하십니다〉(요한계시록 22장 17절), 이 말씀이 생각났습니다.

여기에서 내가 배운 아주 중요한 교훈 하나가 있습니다. 성령님의 임재를 아는 자는 항상 예수님을 영화로우시게 하고 찬미한다는 것입니다.

여러분이 진실로 성령님을 알 때, 여러분 안에 계시는 성령님께서 성자 하나님을 영화로우시게 하시기 때문에 여러분도 성자 예수 그리스도를 영화로우시게 합니다. 이것은 아주 자동적입니다. 예수님은 오직 성령으로 충만한 생활 가운데 영화로우시게 됩니다.

여러분의 모든 행동은 여러분 생활에 가득 차 있는 것을 반영합니다. 여러분의 생활이 신문 기사로 가득 차 있으면 여러분은 뉴스에 대해 이야기할 것입니다. 여러분이 TV 드라마만

보고 있으면 드라마에 대해서 이야기할 것입니다. 그러나 여러분이 성령님으로 가득 차 있고 그분의 임재 안에 여러분이 속해 있으면 여러분은 예수님을 찾을 것이고, 예수님만을 영화로우시게 할 것입니다.

성부 하나님과 성자 하나님께서는 성령님에 대한 그분들의 사랑을 직접 보이셨는데 어떻게 우리가 그보다 덜할 수가 있겠습니까?

이스라엘 백성들이 불순종할 때 그들을 징벌하실 만큼 하나님은 그분을 사랑하셨습니다. 「그러나 그들은 반역하고, 그의 거룩하신 영을 근심하게 했습니다. 그러므로 그는 도리어 그들의 대적이 되셔서, 친히 그들과 싸우셨습니다.」(이사야 63장 10절) 하나님은 성령님께 지은 죄에 대하여는 모세의 기도나 어떤 제물로도 용서하지 아니하셨습니다.

거짓말의 큰 대가

아나니아와 삽비라의 사건은 성령님을 무시한 사람들에게 무슨 일이 일어나는지를 명확히 보여 주고 있습니다. 그 부부는 소유지를 팔았을 때 하나님께 바쳐야 할 것의 일부분만을 내놓았습니다. 베드로가 〈아나니아는 들으시오. 어찌하여 그대의 마음이 사탄에게 흘려서, 그대가 성령을 속이고 땅 값의 얼마를 몰래 떼어 놓았소?〉(사도행전 5장 3절)라고 말하였을 때 아나니아는 그 자리에서 죽었습니다. 몇 시간 후에 그의 아내가 달려왔을 때 베드로가 또 물었습니다. 「그대들이 판 땅값이 이것뿐이오? 어디 말해 보시오.」

「예, 그것뿐입니다.」 그녀가 대답했습니다. 베드로가 그녀에게 말했습니다. 「왜 그대들 내외는 서로 공모해서 주님의 영을 시험하려고 하였소? 보시오. 그대의 남편을 묻은 사람들의 발이 막 문에 다다랐으니, 그들이 또 그대를 메고 나갈 것이오.」(사도행전 5장 7~10절)

성령님에 대한 죄는 위험합니다. 만약 여러분이 성령님의 사역을 이해하지 못한다면 그것들에 대해 이야기하지 마십시오. 그냥 조용히 하는 것이 낫습니다. 내가 진행하는 예배에서는 내가 하는 모든 일이 그분의 완전한 의지이시기를 기도합니다. 성령님은 나를 부르신 분이며 그분은 나의 집회를 조정하시는 분입니다. 다른 말로 하면 그분은 예배의 총책임자이십니다.

여러분도 여러분의 생활을 관장하시도록 그분께 부탁하십시오.

왜냐하면 성령님은 여러분과 같이, 여러분 안에서 영원토록 계시도록 보내심을 받으신 분이니까요. 여러분은 그분을 알 수 있으며 그분과 친교를 가질 수 있습니다. 그리고 그분과 교통을 많이 할수록 예수님은 점점 높임을 받으시며, 여러분은 그리스도를 점점 더 사랑할 것입니다. 그분이 말씀하시는 것 모두가 예수님에 관한 것뿐이기 때문입니다. 그리스도께서 말씀하셨습니다. 「내가 아버지께로부터 너희에게 보낼 보혜사 곧 아버지께로부터 오시는 진리의 영이 오시면, 그 영이 나를

위하여 증언하실 것이다.」(요한복음 15장 26절)

그래서 여러분이 예수님에 대하여 알기를 원한다면 성령님께로 나아가야만 합니다. 그분은 예수님께서 말씀하신 것에 대하여 잘 알고 계시기 때문입니다.

구약 시대에 모세는 하나님께 나아갈 수 있었으며, 신약 당시에 제자들은 예수님과 이야기할 수 있었습니다. 그러나 여러분과 나는 어디로 가야 할까요? 성령님께로 나아가야 합니다. 그분은 인격이시기 때문입니다. 그분은 지금 여러분이 여러분의 삶 속으로 그분을 반갑게 맞아들이기를 기다리고 계십니다.

여러분은 성령님의 임재를 갈망하던 하나님의 위대한 사람들의 비밀을 성경에서 발견할 수 있습니다. 다윗은 〈주님 앞에서 나를 쫓아내지 마시며, 주님의 성령을 나에게서 거두어 가지 말아 주십시오〉(시편 51편 11절)라고 말하였습니다. 그는 성령이 사울을 떠났을 때 무슨 일이 일어났는지를 너무나 잘 알고 있었습니다.

바울은 우리에게 성령님과 함께 걷고, 성령님 안에서 살며, 성령님 안에서 기도하라고 말했습니다. 베드로와 빌립도 그분에게 말씀드렸으며, 그리스도께서도 그렇게 하셨습니다.

이젠 시작할 때입니다

〈어떻게 시작할까요?〉 하고 여러분은 묻겠지요? 아주 간단합니다. 이런 식으로 시작하면 어떨까요? 「성령님 지금 기도할 수 있도록 도와주세요.」 그것이 여러분이 시작하길 원하시는 그분의 뜻입니다. 성경에는 성령님께서 〈말할 수 없는 탄식으로〉 여러분을 위하여 간구하신다고 하였습니다. 시작만 하면 여러분의 짐이 벗겨짐을 느낄 것입니다. 하나님의 보좌 앞으로 바로 인도하실 기도의 동지를 얻게 될 것입니다.

성령님은 그렇게 사랑스러우신 분입니다. 그분은 여러분의 가장 친한 친구가 되시길 원하십니다. 그분은 여러분을 예수님께 더 가까이 안내하시기 위해 기다리십니다. 그리스도께서 〈내가 떠나가지 않으면, 보혜사가 너희에게 오시지 않을 것이다. 그러나 내가 가면, 보혜사를 너희에게 보내주겠다〉(요한복음 16장 7절)라고 말씀하셨고, 또 성령님께서 〈너희를 모든 진리 가운데로 인도하실 것이다〉(요한복음 16장 13절)라고 말씀하셨습니다. 그뿐만 아니라 그분은 다시 오시는 주님을 위하여 여러분을 준비시키고 계십니다. 휴거가 도래했을 때 여러분이 모든 준비가 되어 있도록 말입니다.

성령님은 지금도 기다리십니다. 그분은 여러분과 인격 대인격으로 새로운 관계를 맺게 되기를 원하십니다.

누구의 음성을
듣습니까

「베니! 집 안에서 예수 이야기는 절대 하지 말거라. 알아듣 겠느냐?」 나의 변화로 인해 격노하신 아버지의 음성을 나는 결코 잊을 수가 없습니다. 내가 성령님을 만나고 난 후, 아버지 의 분노는 점점 더해만 갔습니다.

그러나 나는 다른 이의 음성도 듣기 시작했습니다. 그것은 성령님의 음성이었습니다. 그분은 내게 나를 어린아이나 10대 소년으로만 여기는 아버지를 사랑할 수 있는 마음도 주셨습니 다. 아버지가 무슨 말씀을 하시든 나는 완전히 평화로운 마음 으로 그분을 쳐다볼 수가 있었습니다. 그것이 아버지를 더욱 화나게 했습니다. 성령님은 그러한 나를 더욱 사랑해 주셨습 니다.

성령님께서 내 삶 속에 오셨을 때 세 가지 일이 일어났습 니다.

첫째, 살아 계신 하나님의 말씀은 나에게 절대적인 삶이 되 었습니다. 더 이상 나는 마태복음에서 조금, 시편에서 조금 하는 식으로 성경을 읽지 않습니다. 성경을 펴면 마치 그 속에 내가 있는 것 같았습니다. 색깔까지도 생생히 보는 것 같았습니다. 성령님의 음성은 나를 위대한 모험 속으로 인도하셨습니다.

둘째, 나의 기도 생활은 완전히 바뀌어 갔습니다. 기도 시간은 몇 시간씩 지속되었으며, 나도 모르게 외치기도 하면서 마냥 계속하는 것이었습니다. 성령님과 나는 항상 대화를 나누었고 그분은 하나님을 생생하게 보여 주셨습니다. 그분은 내게 능력을 주셨고, 내 키가 열 자나 된 것 같은 담대함을 주셨습니다.

셋째, 그분은 나의 일상적인 신앙생활을 변화시키셨습니다. 사실 나도 모르게 찬양하기 시작했지만, 〈성령의 충만함을 받으십시오. 시와 찬미와 신령한 노래로 서로 화답하며, 여러분의 가슴으로 주님께 노래하며, 찬송하십시오〉(에베소서 5장 18~19절)라는 구절을 읽기 전까지는 왜 그랬는지도 몰랐습니다.

그동안 내게 일어났던 일들은 자연적인 것이 아니었습니다. 그것은 초자연적인 것이었습니다. 성령님께서는 그곳으로 뛰어넘어 가게 만드셨습니다. 사람들을, 특별히 나의 아버지를 사랑할 수 있도록 내게 세례를 베풀어 주셨습니다. 그것은 성경에 기록된 그대로였습니다. 「하나님께서 우리에게 주신 성령을 통하여 그의 사랑을 우리 마음 속에 부어 주셨기 때문입니다.」(로마서 5장 5절)

나의 자연적인 본능과 반응은 성령님의 인도하심으로 변화되었습니다. 나는 〈육신을 십자가에 못 박음〉이란 뜻이 무엇인지를 알게 되었고 스스로는 할 수 없다는 것을 알게 되었습니다. 「여러분이 육신을 따라 살면, 죽을 것입니다. 그러나 여러분이 성령으로 몸의 행실을 죽이면, 살 것입니다. 하나님의 영으로 인도함을 받는 사람은, 누구나 다 하나님의 자녀입니다.」(로마서 8장 13~14절)

성령님의 음성

태초에

어떻게 성령님에 의하여 인도될 수 있을까요? 여러분은 그분의 음성에 점차 친근해질 것입니다. 그것을 곧 알게 될 것입니다. 그리고 여러분은 그것에 반응하게 될 것입니다. 그분과의 친교를 가지면 가질수록 그 관계는 더욱 깊어만 갈 것입니다.

태초에 하나님이 인간을 지으실 때 성령님의 능력이 함께하셨습니다. 성령님은 하나님의 처음 나타나심 그 자체이셨습니다. 「하나님의 영은 물 위에 움직이고 계셨다.」(창세기 1장 2절)

하나님께서 아담을 지으실 때 진흙으로 만들기 시작하셨습니다. 그 진흙에 생기를 불어넣을 때까지는 생명이 없었습니다. 「주 하나님이 땅의 흙으로 사람을 지으시고, 그의 코에 생명의 기운을 불어넣으시니, 사람이 생명체가 되었다.」(창세기

2장 7절)

하나님의 생기는 성령이십니다. 욥은 이렇게 말하고 있습니다. 「하나님의 영이 나를 만드시고, 전능하신 분의 입김이 내게 생명을 주셨습니다.」(욥기 33장 4절)

하나님이 아담에게 생기를 불어넣는 순간 그는 생명이 있게 되었습니다. 아담이 눈을 떴을 때 처음 안 사실은 성령님과 함께하고 있다는 것이었습니다. 그분은 아담의 육체를 통해서 흐르는 생기였으며 그의 위를 운행하고 계셨습니다. 아담은 하나님의 임재하심으로 완전히 충만되어 있었습니다.

성령님이 창조의 힘이셨다고 성경이 가르쳐 주고 있습니다. 「그분의 콧김에 하늘이 맑게 개며, 그분의 손은 도망 치는 바다 괴물을 찔러 죽인다.」(욥기 26장 13절)

그보다 더욱 흥분되는 일은 하나님께서 그 성령님을 여러분에게 주시고자 한다는 사실입니다. 실제로 하나님은 여러분에게 성령님을 〈보내〉 주시길 원하십니다.

그러나 주님께서 저 높은 곳에서부터 다시 우리에게 영을 보내 주시면, 황무지는 기름진 땅이 되고, 광야는 온갖 곡식을 풍성하게 내는 곡창지대가 될 것이다. 그 때에는, 광야에 공평이 자리잡고, 기름진 땅에 의가 머물 것이다.(이사야 32장 15~16절)

얼마나 놀라운 약속입니까! 하나님은 자신의 성령을 여러분에게 부어 주시길 원하십니다. 아담과 같이 여러분도 살아 나게 되길 하나님은 원하고 계십니다.

하나님의 생기가 성령님이셨음을 알게 된 것은 내게 마치 감추어진 보물을 발견한 것과 같았습니다. 여러분께 친히 말씀하시는 전능자의 음성을 들은 적이 있습니까? 많은 사람이 들었습니다. 그러나 누가 말씀하셨습니까? 누구의 음성을 들었습니까?

여러분이 성령님의 음성을 들었다고 나는 믿습니다. 그분은 하나님과 대화하시는 분입니다. 욥기에는 하나님 아버지의 음성을 이렇게 기록하고 있습니다.

모두 하나님의 음성을 들으십시오. 그분의 입에서 나오는 천둥과 같은 소리를 들으십시오.

천둥과 같은 하나님의 음성이 들립니다. 번갯불이 번쩍이고 나면, 그 위엄찬 천둥소리가 울립니다. 하나님이 명하시면, 놀라운 일들이 벌어집니다. 도저히 이해할 수 없는 신기한 일들이 일어납니다.(욥기 37장 2절, 4~5절)

하나님의 음성의 힘은 이스라엘 백성이 듣고 이해할 수 있는 것 이상이었습니다.

천국으로부터 들려온 음성

하나님께서는 모세에게 어떻게 말씀하셨을까요? 천사를 통해서 하셨습니다. 신약 성경에서는 하나님께서 단 세 차례 직접 말씀하셨습니다. 처음은 예수님에 대한 말씀이셨습니다. 「그리고 하늘에서 소리가 나기를 〈이는 내가 사랑하는 아들이다. 내가 그를 좋아한다〉 하였다.」(마태복음 3장 17절)

다음은 예수님께서 아버지께 기도하셨을 때입니다. 「〈아버지, 아버지의 이름을 영광스럽게 드러내십시오.〉 그때에 하늘에서 소리가 들려 왔다. 〈내가 이미 영광되게 하였고, 앞으로도 영광되게 하겠다.〉 거기에 서서 듣고 있던 무리 가운데서 더러는 천둥이 울렸다고 하고, 또 더러는 천사가 그에게 말하였다고 하였다.」(요한복음 12장 28~29절)

그다음으로 하나님께서 직접 말씀하신 것은 변화산 위에서 구름이 제자들을 덮었을 때입니다. 「이는 내 사랑하는 아들이다. 나는 그를 좋아한다. 너희는 그의 말을 들어라.」(마태복음 17장 5절) 다시 한번 하나님의 음성은 엄청난 결과를 나타냈습니다. 「제자들은 이 말을 듣고서, 얼굴을 땅에 대고 엎드렸으며, 몹시 두려워하였다. 예수께서 가까이 오셔서, 그들에게 손을 대시고 말씀하셨다. 〈일어나거라. 두려워하지 말아라.〉 그들이 눈을 들어서 보니, 예수밖에는 아무도 없었다.」(마태복음 17장 6~8절)

여러분은 〈베니, 하나님은 기록된 말씀을 통하여 말씀하신다고 하던데요〉 하겠지요. 정확히 맞습니다. 그러나 말씀하셨던 분은 성령님이셨습니다.

예를 하나 들겠습니다. 선지자들이 들은 음성은 아버지 하나님이나 아들 하나님의 음성이 아니라 성령님의 음성이셨습니다.

이사야는 자신이 들은 주님의 음성에 관해 이렇게 기록했습니다.

그러자 주님께서 말씀하셨다. 〈너는 가서 이 백성에게 너희가 듣기는 늘 들어라. 그러나 깨닫지는 못한다. 너희가 보기는 늘 보아라. 그러나 알지는 못한다〉하고 일러라. 너는 이 백성의 마음을 둔하게 하여라. 그 귀가 막히고, 그 눈이 감기게 하여라. 그리하여 그들이 볼 수 없고, 들을 수 없고 또 마음으로 깨달을 수 없게 하여라. 그들이 보고 듣고 깨달았다가는 내게로 돌이켜서 고침을 받게 될까 걱정이다.(이사야 6장 9~10절)

누가 실제로 말씀하셨습니까? 실제로 주님의 음성이었습니까? 그렇지 않으면 땅 위의 여호와, 곧 성령님의 음성이었습니까? 사도행전에 인용된 같은 구절을 찾아봅시다. 바울은 핍박 아래에서 복음을 전파하였습니다.

성령께서 예언자 이사야를 통하여 여러분의 조상에게 하신 말씀은 적절합니다. 곧 이런 말씀입니다. 〈이 백성에게 가서 말하여라. 너희가 듣기는 들어도 깨닫지 못하고, 보기는 보아도 알지 못한다. 이 백성의 마음이 무디어지고 귀가

먹고 눈이 감기어 있다. 이는 그들로 하여금 눈으로 보지 못하게 하고 귀로 듣지 못하게 하고 마음으로 깨닫지 못하게 하고 돌아서지 못하게 하여, 내가 그들을 고쳐 주지 않으려는 것이다.〉(사도행전 28장 25~27절)

누가 이 말씀을 하셨습니까? 이사야가 주님이시라고 한 것을 바울은 성령님께서 하셨다고 명확하게 말하고 있습니다. 신약 성경은 구약 성경을 설명하고 있다는 것을 기억하십시오. 다른 예를 하나 더 들지요. 예레미야서에서는 다음과 같이 말씀하셨습니다. 「그러나 그 시절이 지난 뒤에, 내가 이스라엘 가문과 언약을 세울 것이니, 나는 나의 율법을 그들의 가슴 속에 넣어 주며, 그들의 마음 판에 새겨 기록하여, 나는 그들의 하나님이 되고, 그들은 나의 백성이 될 것이다. 나 주의 말이다.」(예레미야 31장 33절)

예레미야 선지자는 기록하기를 〈여호와가 말하노라〉라고 하였지만 그 구절의 진실한 근원을 이해하기 위해 히브리서를 볼 필요가 있습니다. 「그리고 성령도 우리에게 증언하여 주십니다. 먼저 이렇게 말씀하셨습니다. 주님께서 말씀하신다. 〈그날 이후에, 내가 그들에게 세워 줄 언약은 이것이다. 나는 내 율법을 그들의 마음에 박아 주고, 그들의 생각에 새겨 주겠다.〉」(히브리서 10장 15~16절)

누가 말씀하셨나요? 바로 성령님이십니다. 그분은 증거하셨을 뿐만 아니라 전에도 말씀하셨다고 가르쳐 주고 있습니다.

〈여호와〉는 누구십니까?

성령님이 하나님이시라는 사실을 알았을 때 나의 영적 생활에서는 깊은 변화가 일어났습니다. 수백만 명의 사람들이 — 나도 그중의 하나였지만 — 그분은 하나님보다 조금 덜하시다는 생각을 가지고 있습니다. 그분은 세 번째로 오셨기에 실상 하나님이 아니라는 교리가 우리를 지배하고 있었던 것입니다.

여러분은 성령님은 하나님이시라는 진리에까지 도달해야 합니다. 그분은 예수님보다 덜하시지도 않고, 아버지 하나님보다 덜하시지도 않습니다.

여호와는 삼위일체이신 분의 이름이십니다. 그중 어느 한 분의 이름이 아니십니다. 성부 하나님도 여호와로 불려지십니다. 또한 성자 하나님도 여호와로 불려지십니다. 그리고 성령님도 여호와로 불려지십니다.

성부 하나님께서 말씀하실 때 성령님의 음성을 통하여 하십니다. 예수님께서는 열두 제자를 떠나 보내실 때 이렇게 말씀하셨습니다. 「사람들이 너희를 관가에 넘겨줄 때에, 어떻게 말할까, 또는 무엇을 말할까, 하고 걱정하지 말아라. 너희가 무슨 말을 해야 할지, 그때에 지시를 받을 것이다. 말하는 이는 너희가 아니라, 너희 안에서 말씀하시는 아버지의 영이시다.」 (마태복음 10장 19~20절)

계시록에서도 몇 번이고 반복하여 우리에게 권고하고 계십니다. 「귀가 있는 사람은, 성령이 교회들에 하시는 말씀을 들어라.」(요한계시록 2장 7절, 11절, 17절) 누구의 음성을 들으라는 것입니까? 성령님의 음성입니다.

그리스도 자신도 성령님 없이는 말씀하지 않으셨습니다. 사도행전에서는 그리스도께서 하늘로 올라가셨음을 알 수 있습니다. 〈그가 택하신 사도들에게 성령을 통하여 지시를 내리시고〉(사도행전 1장 2절) 히브리서에서는 그리스도께서 자신을 하나님께 드리심을 발견할 수 있습니다. 〈하물며 영원한 성령을 힘입어 자기 몸을 흠 없는 제물로 삼아.〉(히브리서 9장 14절)

이제는 점점 분명해집니까? 성령님은 천국과 여러분의 마음 사이를 교통하시는 분입니다. 그분은 여러분께 들려주시는 하나님의 음성입니다. 여러분은 〈하나님께서 말씀하시는 것을 난 알아요〉라고 말하겠지요. 그것이 바로 성령 하나님이신 것입니다. 다르게 말하면 그분은 예수님을 통하여, 성령님에 의해 말씀하시는, 아버지 하나님이십니다.

성부 하나님께서 여러분이 들을 수 있는 음성으로 이야기하신다면 어찌 될지 상상하겠지요. 여러분은 그것을 감당할 수 없을 것입니다. 〈음성은 큰 물소리와 같았습니다〉(요한계시록 1장 15절)라고 묘사된 예수님의 목소리를 듣기도 힘들 것입니다. 요한이 그것을 들었을 때 그분의 발 앞에 엎드려져 〈죽은 사람과 같이〉(요한계시록 1장 17절) 되었다고 했습니다.

성령님은 하나님 아버지의 음성과 예수님의 음성을 가지고 아주 부드럽게 사랑이 담긴 음성으로, 완전히 알아들을 수 있도록 말씀하십니다.

성령님께서 하나님이시라는 것을 알게 된 순간 나는 그분을 하나님으로 대하며 그분께 예배를 드리기 시작했습니다. 나의 삶은 변화되기 시작했습니다. 더 이상 성령님을 약간 덜하게도, 약하게도, 안개에 싸여 구석에 서 계시는 분으로도 여기지 않았습니다.

다시 한번 말하겠습니다. 성령님은 위엄과 능력과 영광과 영원함에 있어서 하나님과 동등하신 분입니다. 그분은 하나님이십니다.

예수님께서는 성령님에 대해 어떻게 말씀하셨습니까? 그분이 오시면 〈그는 자기 마음대로 말씀하지 않으시고, 듣는 것만 일러 주실 것이요〉(요한복음 16장 13절). 그분은 무엇을 들으십니까? 귀하신 성령님은 아버지 하나님께로부터 들으시고 그것을 직접 여러분에게 말씀하여 주십니다. 그러나 그분이 말씀하실 때 그분은 〈아버지 하나님께서 말씀하시길〉, 또는 〈내가 말하노니〉 하시지 않습니다. 왜냐하면 성부, 성자, 성령님은 언제나 조화를 이루며 일을 하고 계시니까요.

하늘의 태양같이

하나님을 제한하거나 비성경적으로 풀이하는 일은 흔합니다. 젊은 크리스천들이 가끔 〈어떻게 하나님은 같은 시간에 한 분이시기도 하다가, 또 세 분이 되시기도 합니까?〉 하고 질문합니다. 하나님은 한 분이십니다. 그러나 하나님은 세 분(성부, 성자, 성령)이시기도 합니다. 성령님에 관한 이 책을 쓰면서 나는 여러분에게 삼위일체를 보여 주려고 합니다.

하나님을 하늘에 있는 태양에 비유해 봅시다. 여러분이 보게 되는 것은 하나의 태양입니다. 그러나 사실 지구 위의 모든 생물을 살 수 있게 해주는 것은 삼위일체의 태양입니다. 거기에는 세 가지 다른 요소가 있습니다. 바로 태양과 빛과 따뜻함입니다.

그래서 삼위일체라는 것입니다. 성부 하나님은 태양 전체와 같다고 할 수 있고, 예수님은 빛이요, 성령님은 우리가 느낄 수 있는 따뜻함이라 할 수 있습니다. 여러분이 아버지 하나님의 임재 안에 서 있을 때 여러분은 무엇을 느낍니까? 따스함과 에너지, 그리고 성령님의 능력입니다.

만약 하나님을 바라보고 있다면 여러분은 누구를 보고 있는 것입니까? 예수님께서 빌립에게 〈나를 본 사람은 아버지를 보았다〉(요한복음 14장 9절)라고 말씀하셨습니다.

나는 천국으로 들어갈 때를 생각하면 흥분할 수밖에 없습니다. 하나님은 거기 계실 것입니다. 내가 하나님 아버지 앞에 섰을 때 나는 세 분 모두를 뵙게 될 것입니다. 성령님, 성자 예수님, 그리고 하나님을 말입니다.

하나님은 어떻게 생기셨을까요? 성경에서는 하나님 아버지를 상세하게 묘사한 곳이 한두 군데가 아닙니다. 「스데반이 성령이 충만하여 하늘을 쳐다보니, 하나님의 영광이 보이고, 예수께서 하나님의 오른쪽에 서 계신 것이 보였다.」(사도행전 7장 55절)

스데반은 예수님을 뚜렷이 보았습니다. 그러나 아버지 하나님을 보았을 때는 그분을 둘러싼 영광만 보았을 뿐입니다. 아버지 하나님은 사람이 형용할 수 없는 형체를 가지셨습니다(빌립보서 2장 6절). 성경에는 〈하나님을 본 사람은 아무도 없다〉(요한복음 1장 18절)라고 기록되어 있습니다. 그러나 아들 예수님은 그분을 나타내셨습니다.

예수님께서 말씀하신 것을 자세히 보면 성령님께서 어떻게 삼위일체 하나님을 둘러싸고 계신지를 이해할 것입니다. 예수님께서는 〈나를 거치지 않고서는, 아무도 아버지께로 갈 사람이 없다〉(요한복음 14장 6절)라고 말씀하셨습니다. 그리고 성령님에 의해서만 그리스도께 나아갈 수 있다고 성경은 가르치고 있습니다. 다른 말로 표현하면 삼위일체 하나님과 함께하길 원하면 성령님과 함께해야만 합니다. 여러분이 성령님과 가까이할 때 아버지 하나님이나 성자 하나님을 가까이할 수 있는 것입니다.

성령님께서 예수님과 동등하시다는 것을 내게 나타내 보이셨던 날을 나는 잊을 수가 없습니다. 성경은 그분을 〈주님〉이라고 했습니다. 바울은 고린도후서에서 이렇게 말했습니다. 「주님은 영이십니다. 주님의 영이 계신 곳에는 자유가 있습니다.」(고린도후서 3장 17절) 그렇습니다. 우리는 모두 예수님을 주님이라고 고백하였습니다. 그러나 또한 성령님도 주님이십니다. 그분은 예수님의 성령이십니다.

성령님은 어디에나 편재해 계십니다. 그러나 불행하게도 자유와 해방은 어느 곳에서나 발견될 수 있는 것은 아닙니다. 어떤 교회들은 찬양의 집이라기보다는 삭막한 감옥처럼 느껴집니다. 왜냐하면 그 회중에게 성령님은 주님이 아니시기 때문입니다.

절대로 이것을 잊지 마십시오. 주님은 성령님이십니다. 다음 구절에서 바울은 이렇게 적었습니다. 「우리는 모두 너울을 벗어 버리고, 주님의 영광을 바라봅니다. 이렇게 해서, 우리는 주님과 같은 모습으로 변화하여, 점점 더 큰 영광에 이르게 됩니다. 이것은 영이신 주님께서 하시는 일입니다.」(고린도후서 3장 18절)

구원받은 것을 어떻게 압니까?

다음으로 여러분은 〈삼위일체는 하나님의 영광〉이라는 것을 이해할 필요가 있습니다. 성부 하나님은 하나님의 영광이십니다. 성자 하나님도 하나님의 영광이십니다. 그리고 성령 하나님도 하나님의 영광이십니다. 그럼, 누가 영광을 나타내실까요? 바로 성령님이십니다. 그것은 그분의 사역 가운데 일부입니다.

다른 질문을 하나 하지요. 여러분은 죄에서 구원되었다는 것을 압니까? 어떻게 그것을 알 수 있나요? 하늘로부터 음성을 들었나요? 아니면 예수님께서 직접 나타나셔서 〈너는 구원되었도다〉 하고 말씀하셨나요?

어떻게 여러분은 영적인 죽음으로부터 생명으로 건너왔다

는 것을 압니까? 성령님께서 말씀하셨기 때문에 여러분이 알고 있는 것입니다. 여러분은 그것을 위해 죽을 만큼 그것을 잘 알고 있습니다. 왜냐하면 성령님이 말씀하실 때 그분은 여러분 안으로, 피와 골수 깊숙이 말씀하시기 때문입니다.

똑같은 방법으로 예수님은 살아 계신다고 우리는 믿습니다. 그분의 얼굴을 뵈었기 때문이 아니라 성령님에 의해서 그분이 살아 계신다는 것을 아는 것입니다. 그 성령님이 바로 삼위일체 중에서 제3위의 인격이십니다.

누군가가 나에게 물었습니다. 「당신은 구원받았다는 것을 어떻게 압니까?」 내가 말할 수 있었던 것은 이것이었습니다. 「나는 그것을 압니다. 암, 그렇고말고요.」 그것은 큰 힘이고 보증이며, 성령님께서 내게 주신 것입니다.

성령님은 여러분이 듣는 음성만이 아니십니다. 그분은 여러분이 느낄 수 있는 위대한 능력이십니다. 미가 선지자는 〈나에게는, 주님께서 주님의 영과 능력을 채워 주시고〉(미가 3장 8절)라고 말했습니다. 성령님은 삼위일체 하나님의 능력이십니다. 예수님이 탄생하실 즈음 천사가 마리아에게 〈성령이 그대에게 임하시고, 더없이 높으신 분의 능력이 그대를 감싸 줄 것이다〉(누가복음 1장 35절)라고 말했습니다. 그분은 탁월한 능력이십니다.

성령님은 또한 여러분의 방패이십니다. 누가 사탄으로부터 여러분을 보호하신다고 생각합니까? 바로 성령님이십니다. 「적들이 홍수와 같이 몰려올 때에 주님의 영이 그들을 대항하

여 군기를 높이 드시리라.」(이사야 59장 19절, 킹 제임스 번역본)
여러분은 이 구절을 읽을 때 적들이 홍수와 같이 다가온다는
결론에 이를 것입니다. 그러나 희소식이 있습니다. 홍수는 마
귀가 아니라 성령님이십니다. 히브리어 원본을 보면 콤마가
없는데, 킹 제임스 판에는 홍수 뒤에 콤마를 넣어 실제보다 적
군을 더욱 강력하게 표현해 놓았습니다. 히브리어 원본에는
〈원수가 강물처럼 몰려오겠으나 주님의 영이 그들을 물리치
실 것이다〉라고 되어 있습니다.

〈나를 따르라!〉

누가 여러분을 안전하게 지키십니까? 바로 성령님이십니
다. 우리를 안전하게 지키시는 것은 그리스도께서 그분에게
부여하신 임무입니다. 우리는 가끔 그분을 예수님이라 부릅니
다. 그러나 그분은 사실 예수님의 영이십니다. 다시, 그분들은
실제로 한 분이시지만 우리는 이해를 돕기 위하여 잠깐 나눈
것일 뿐입니다. 왜냐하면 성령님 계신 곳에 예수님이 계시고,
그리고 아버지 하나님도 계시기 때문입니다. 성령님께서 여러
분과 이야기하실 때 두 분도 함께 이야기하시는 것입니다. 그
러나 여러분이 듣는 분은 성령님이시며 느끼는 분도 성령님이
십니다. 성령님은 아버지 하나님의 뜻에 따라 여러분을 인도
하시는 분입니다.

처음 내가 예수님께서 〈나를 따르라〉라고 하신 말씀을 읽었
을 때 어떻게 그것이 가능한가 하고 의아해했습니다. 예수님

을 따르던 자들은 예수님께서 승천하실 때 주님과 같이 올라갈 것을 기대하였나요? 물론 아니지요. 그리스도께서 아버지 하나님께 올라가셨을 때 그분은 성령님을 보내셨으며, 〈너희를 모든 진리 가운데로 인도하실 것이다〉(요한복음 16장 13절)라고 말씀하셨습니다. 예수님의 말씀은 〈나를 따르는 것을 중지하라. 나는 떠난다. 그러나, 성령님을 너희에게 보내리라. 너희는 지금부터 그분을 따라야 한다〉라는 것이었습니다. 지금 우리를 인도하시는 분은 오직 성령님이신데 왜 우리는 〈난 예수님을 따르고 있어〉라고 말하고 있습니까?

성령님의 음성을 따르라

성령님에 의하여

성령님을 처음 만난 순간부터 나는 그분의 음성을 따라야 한다는 것을 알았습니다. 단 두 가지의 선택이 있었을 뿐입니다. 세속적인 육신의 세계, 육신의 소리를 따르든지 아니면 그분을 따라야 했습니다. 「육신을 따라 사는 사람은 육신에 속한 것을 생각하나, 성령을 따라 사는 사람은 성령에 속한 것을 생각합니다.」(로마서 8장 5절)

이것은 삶의 기본적인 선택인 것입니다. 여러분이 육신의 일을 원하면 육신의 일을 따를 것이고, 여러분의 마음이 성령을 갈망하면 여러분은 그분에게 자석처럼 끌려갈 것입니다. 그것은 소망에 따라 시작됩니다. 나에게 절박한 질문은 바로 이것이었습니다. 「어떻게 당신을 정말로 알 수 있을까요?」 그 질문은 나의 마음 깊숙한 곳의 울부짖음이었습니다. 나는 실망하지 않았습니다.

바울은 말했습니다. 「여러분은 성령께서 인도하여 주시는 대로 살아가십시오. 그러면 육체의 욕망을 채우려 하지 않을 것입니다. 육체의 욕망은 성령을 거스르고, 성령이 바라시는 것은 육체를 거스릅니다. 이 둘이 서로 적대 관계에 있으므로, 여러분은 자기가 원하는 일을 할 수 없게 됩니다. 그런데 여러분이, 성령의 인도하심을 따라 살아가면, 율법 아래에 있는 것이 아닙니다.」(갈라디아서 5장 16~18절)

전도 여행 중이던 바울 사도와 그 일행에게 놀라운 일이 일어났습니다. 「아시아에서 말씀을 전하는 것을 성령이 막으시므로, 그들은 브루기아와 갈라디아 지방을 거쳐가서, 무시아 가까이 이르러서, 비두니아로 들어가려고 하였으나, 예수의 영이 그것을 허락하지 않으셨다.」(사도행전 16장 6~7절) 그들은 성령님의 음성에 귀 기울이고 있었습니다. 그들은 〈성령님이 가지 않으시면 우리도 가지 않으리라〉 하고 작정했던 것입니다.

아마도 가장 중점을 두어야 할 것은 그들이 〈성령님에 의하여〉를 명심하고 있었다는 점입니다. 그리스도께서 아버지 하나님께 올라가셨을 때 성령님은 이 땅 위에서 그리스도의 사역을 담당하기 시작하신 것입니다.

이젠 성령님의 음성을 알아듣기 시작했습니까? 당시 바울은 알아들었습니다. 같은 여행길에 사도에게 성령님이 환상을 통해 보이셨는데 먼 나라에서 온 한 사람이 서서 그에게 청하여 〈마케도니아로 건너와서, 우리를 도와주십시오〉(사도행전 16장 9절)라고 말했을 때 바울은 그 즉시 떠났던 것입니다.

양심의 확인

성령님은 어떻게 말씀하십니까? 그분은 여러분의 양심에 대해 증거하시지요. 바울은 로마서에서 〈나는 그리스도 안에서 참말을 하고, 거짓말을 하지 않습니다. 내 양심이 성령을 힘입어서 이것을 증언하여 줍니다. 나에게는 큰 슬픔이 있고, 내 마음에는 끊임없는 고통이 있습니다〉(로마서 9장 1~2절)라고 하였습니다.

여러분은 성령님의 인도하심을 의심해서는 안 됩니다. 여러분의 〈속사람〉에 문제가 있을 때는 움직이지 마십시오. 여러분 스스로 자신을 보호하겠다고 한다면 여러분은 그대로 주저앉고 말 것입니다. 여러분의 영혼에 말씀하시는 그분의 음성을 들으십시오.

교회를 건축하는 중에 이런 질문을 받았습니다. 「당신이 하고 있는 일이 옳다는 것을 어떻게 아십니까?」 대답은 내가 구원에 관해 한 것과 똑같습니다. 「나는 그것을 압니다. 암, 그렇고말고요.」 성령님을 통하여 주님은 교회 건축을 시작하라고 말씀하셨습니다. 내 삶 속의 모든 결정은 내 속에서 들려오는 음성에 기초를 둔 것입니다.

세상 사람들은 성령님에 관해서 아주 혼미한 개념조차도 갖고 있지 않습니다. 그것은 그들이 영적으로 장님이기 때문입니다. 그러나 여러분은 알 수 있습니다. 왜냐하면 여러분은 성령님께서 어떻게 일하시는지를 이해하고 또 어떻게 그분의 음성을 알아차릴 수 있는지를 배우고 있기 때문입니다.

같은 방법으로 여러분은 천국의 진주 문에 들어간 일은 없다 할지라도 천국이 실재함을 알 수 있습니다. 성경에서 천국에 관해 읽는 것은 굉장한 일입니다. 그러나 그것이 사실성을 주지는 않습니다. 헤아릴 수 없는 수백만의 사람이 성경을 읽지만, 영생에 대한 비평은 아직도 그들 마음속에 있습니다. 말씀이 그들의 마음속으로 들어가지 않기 때문입니다.

여기 해답이 있습니다. 그분은 여러분에게 새 언약을 주셨습니다. 「이 새 언약은 문자로 된 것이 아니라, 영으로 된 것입니다. 문자는 사람을 죽이고, 영은 사람을 살립니다.」(고린도후서 3장 6절)

어떤 사람들이 성경을 읽고 이렇게 말하는 것을 보면 놀라운 일입니다. 〈아니, 나는 그의 말이 그것을 뜻했다고는 생각지 않아〉, 또는 〈그는 기적을 행하지 않았어〉, 〈그는 처녀 마리아한테서 태어나지 않았어〉. 문제는 간단합니다. 그들은 세속적인 마음으로 생각하는 것입니다.

그러나 여러분은 절대 확신을 가지고 대화할 수 있습니다.

그것은 여러분이 읽은 것이 아닙니다. 성령님께서 여러분에게 말씀하신 것입니다. 그리고 여러분은 그것에 여러분의 삶을 고정시켜야 할 것입니다!

만약 여러분이 성령님께서 어떻게 말씀하시는지를 진실로 이해하고자 한다면 다음의 의미심장한 구절을 읽고 또 읽으십시오. 「그 성령이 우리의 영과 함께, 우리가 하나님의 자녀임을 증언하십니다.」(로마서 8장 16절) 우리는 어떻게 그것이 사실이라는 것을 압니까? 주님의 영이 우리의 영과 더불어 증거하십니다. 물론, 여러분은 잘 알고 있습니다.

성령님은 증거의 하나님이십니다. 사도들이 산헤드린 공회 앞에 붙들려 나갔을 때 베드로가 뭐라고 말했습니까? 「우리는 이 모든 일의 증인이며, 하나님께서 자기에게 복종하는 사람들에게 주신 성령도 그러하십니다.」(사도행전 5장 32절) 이것이 여러분을 하나님의 뜻 가운데 있게 하는 계속되는 양심의 확인인 것입니다.

성령님께서 나의 삶을 바꾸어 놓으신 특별한 구절이 있다면 이것입니다. 「주 예수 그리스도의 은혜와 하나님의 사랑과 성령의 사귐이 여러분 모두와 함께하기를 빕니다.」(고린도후서 13장 13절)

성령님은 이 구절을 나에게 계속 강조하셨습니다. 그 구절을 공부하면 할수록 나는 더욱더 흥분하게 됩니다. 그러다가 문득 성령님은 오늘도 나를 위하여 계신 것을 알게 되지요.

성령님께서 내게 보여 주신 것을 한번 말해 볼까요? 언제 우리는 〈주 예수 그리스도의 은혜〉를 압니까? 그분이 우리를 위하여 돌아가셨을 때입니다. 언제 우리는 〈하나님의 사랑〉을 압니까? 우리가 십자가를 바라보았을 때입니다. 둘 다 과거를 말하고 있습니다. 그러면 〈성령의 교통하심이 너희 무리와 함께〉를 읽을 때 나는 말합니다. 「그렇고말고, 성령님이 여기 나와 교통하시고, 나와 함께 계시지.」

놀라운 교통하심이!

성경에서 말하는 〈교통하심〉의 뜻은 무엇인가요? 일곱 가지의 뜻이 있습니다.

첫째, 교통하심은 임재presence를 뜻합니다. 성부 하나님은 성령님의 달콤한 임재하심이 여러분과 함께하기를 원하십니다.

둘째, 친교fellowship를 뜻합니다. 여러분은 성령님께 기도할 필요가 없습니다. 그분과 단순한 친교를 가져야 합니다. 여러분이 광야에서 물을 구하듯 성령님과 교통하심을 구하여야 합니다.

셋째, 나눔sharing together을 뜻합니다. 여러분은 여러분의 마음을 드러내 놓고, 그분은 그분의 것을 부어 주시는 것입니다. 여러분의 기쁨도 같이 나누며, 그분의 기쁨도 같이 나누는 것입니다. 〈성령과 우리는 꼭 필요한 다음 몇 가지 밖에는 더 이상 아무 무거운 짐도 여러분에게 지우지 않기로 하였습니다〉(사도행전 15장 28절)라고 안디옥에 있는 형제들에게 사도들은 편지했습니다. 그들은 나누었습니다. 편지 쓰는 것까지도 같이 나누었습니다.

넷째, 동역participation with을 뜻합니다. 성령님은 여러분의 파트너가 되실 것입니다. 〈그들과 같이 일하고〉, 혹은 〈성령과 우리는〉 등과 같은 구절에서 성령님의 일이 우리와 함께하는 것임을 분명히 보여 주고 있습니다.

다섯째, 친밀함intimacy을 뜻합니다. 여러분은 성령님이 친밀함을 가져다주시는 분임을 알기 전까지는 그리스도와의 깊은 사랑의 경험을 가질 수 없습니다. 다른 방법이 없습니다. 하나님께서는 〈우리에게 주신 성령을 통하여〉(로마서 5장 5절) 그의 사랑을 우리 마음에 부어 주셨습니다. 성령님 없이는 하나님을 사랑할 수 없습니다.

여섯째, 우정friendship을 뜻합니다. 성령님은 여러분과 가장 가까운 친구가 되길 원하시며, 여러분의 마음속 깊은 비밀까지도 나눌 수 있는 그런 분이 되길 원하고 계십니다.

일곱째, 지시comradeship를 뜻합니다. 희랍어로는 지휘관을 뜻합니다. 그분은 사랑과 우정을 가진 선장, 통솔자, 상관 등과 같습니다. 사도들에게 그들이 어디로 가야 할지 어디로 가지 말아야 할지 지시하셨던 것과 같이, 여러분의 개인적인 일을 지시하실 수 있도록 그분에게 허용해야 합니다. 그리스도께서 떠나신 후에 성령님께서 이 땅 위의 일을 담당하고 계심을 기억하기 바랍니다.

여러분은 성령님의 음성을 듣고 있습니까? 여러분은 그분과 교통할 준비가 되어 있습니까?

내가 처음 성령님과 친교를 시작하였을 때 나는 낮이나 밤이나 성령님과 대화하고 있었습니다. 〈성령님, 귀하신 성령님〉이라고 말씀드리지 않고 지나가는 날이 없었습니다. 그리고 우리는 기도의 시간을 가지고 교제를 시작하였습니다.

오, 그분의 음성이 들립니다.

영, 혼, 육

영, 혼, 육

사기꾼 같은 사탄은 믿을 수 없는 일들을 벌여 왔습니다. 그는 세상이, 심지어 유능한 목사들까지도 성령님은 어떤 영향력이나 특별한 힘 이상은 없으시다고 여기도록 해왔던 것입니다. 여러분이 성령님의 사실성과 개성을 발견하는 순간 여러분의 삶이 극적으로 변화된다는 것을 그는 알기 때문에 이러한 속임수는 사탄의 지상 과제입니다.

역사를 잠시 돌아보십시오. 커다란 신앙 부흥 운동이 있을 때마다 성령님의 계시가 함께 있었습니다. 마틴 루터 역시 대(大)종교 개혁이 성령님께서 하신 일이었음을 인정하였습니다. 그는 성경 중에서 갈라디아서를 제일 좋아했습니다. 〈여러분은 성령께서 인도하여 주시는 대로 살아가십시오. 그러면 육체의 욕망을 채우려 하지 않을 것입니다〉(갈라디아서 5장 16절)라는 구절이 있기 때문이라고 했습니다.

그러나 오늘날 소수의 사람만이 성령님 안에서 〈좇음walk〉의 의미를 알고 있는 것 같습니다. 그 어원은 조화, 일치, 연결,

친교의 의미를 지니고 있습니다. 성령 충만한 것으로 알려진 교회의 사람들조차 〈성령님과 이야기하여야 합니까?〉 하고 묻는 것은 매우 놀라운 일입니다.

나는 최근 상당한 역사를 가진 큰 오순절 교회에 말씀을 전하기 위해 초청되어 간 적이 있습니다. 〈여러분이 바로 성령님을 재발견해야 할 사람들입니다. 여러분은 지금 그분을 새장 속에 가두어 놓고 있습니다〉 하고 내가 말했을 때 회중들은 충격을 받았습니다. 또 〈여러분은, 가톨릭 신도들은 그분을 갖지 못했다고 생각하지요. 또 침례교인도 그분을 갖지 못했다고 생각할 것입니다. 그러나 놀랄 만한 소식을 나는 가지고 있습니다. 그분은 여러분의 울타리를 넘어, 세인트 미카엘 성당으로, 제일 침례교회로, 연합 감리교회로, 어디든 가십니다〉라고 설명했습니다.

수백만 명의 사람이 성령님과 접촉을 가졌지만, 그들의 영적 성장은 어떤 이유에서든 삼위일체 중 제3위의 인격을 경시하는 성직자들에 의해서 저지되어 왔습니다.

불행하게도 〈말일 성도 그리스도 교회〉는 내가 여러분과 나누고자 하는 것을 무시하고 있습니다. 여러분이 이 책을 계속 읽고 있다는 사실은, 여러분이 성령님에 대해 알고 싶은 열망으로 차 있다는 것을 내게 알려 주고 있습니다. 여러분은 성령님으로 충만할 것이고 그분과의 만남을 부인할 수 없을 것입니다. 그러나 성령님을 깊이 이해한다는 것은 하룻밤 사이에 이루어지지 않습니다. 내게도 그것은 그분의 인도하심과 성경의 가르치심으로 수년에 걸쳐 이루어졌습니다. 그리고 나는 지금도 매일 배우고 있습니다.

삼위일체 하나님

성부 하나님

성부, 성자, 성령에 관하여 삼위일체 하나님께서는 전혀 새로운 것을 내게 알려 주셨습니다. 나는 이 사실을 여러분과 함께 나누고자 합니다. 하나님은 물질적인 형태를 갖지 않으신 영적 존재이시지만 가끔 자신을 인간의 형태로나 어떤 인간의 특성으로 나타내십니다.

하나님께서는 어떤 형태로 인간에게 나타나실까요? 기원전 593년 에스겔이 하나님의 환상을 뵙고, 〈그분께서 하나님의 영광의 형상으로 이루어진 넓은 창공 위에 앉아 계셨다〉라고 묘사했습니다. 그는 〈그들의 머리 위에 있는 창공 모양의 덮개 위에는, 청옥처럼 보이는 보석으로 만든 보좌 형상을 한 것이 있었고, 그 보좌 형상 위에는, 사람의 모습과 비슷한 형상이 있었다〉(에스겔 1장 26절)라고 기록했습니다. 성부 하나님의 나타나심이 어떠하냐고요? 사람의 모양 같으십니다.

〈하나님은 영이시라고 배워 왔는데요〉 하고 여러분은 말하겠지요. 그렇습니다. 그러나 그분은 공간에 떠 있는 구름 같은 것이 아닌 신비한 형태의 영이십니다. 사도 요한은 계시록에서 그분을 빛나는 귀한 보석 같다고 묘사하고 있습니다. 「나는 곧 성령에 사로잡히게 되었습니다. 그런데 하늘에 보좌가 하나 놓여 있고, 그 보좌에 한 분이 앉아 계셨습니다. 거기에 앉아 계신 분은, 모습이 벽옥이나 홍옥과 같았습니다. 그 보좌의 둘레에는 비취옥과 같이 보이는 무지개가 있었습니다.」(요한 계시록 4장 2~3절)

이사야 선지자는 하나님의 형상을 좀 더 세밀하게 묘사하고 있습니다. 「그의 입술은 분노로 가득하고, 혀는 마치 태워 버리는 불과 같다. 그의 숨은 범람하는 강물 곧 목에까지 차는 물과 같다.」(이사야 30장 27~28절) 그리고 그 선지자는 하나님이 우리를 감찰하신다는 사실을 말했습니다. 「오히려 내가 보는 데서 악한 일을 하며, 내가 좋아하지 않는 일을 골라 하였기 때문이다.」(이사야 66장 4절)

하나님께서 손가락과 손, 그리고 얼굴 같은 것을 가지고 계신다는 묘사는 놀라운 일입니다. 시나이산에서 하나님은 모세에게 말씀하신 후 〈하나님이 손수 돌판에 쓰신〉(출애굽기 31장 18절) 증거판 두 개를 그에게 주셨습니다. 그리고 모세에게 〈내가 너에게 나의 얼굴은 보이지 않겠다. 나를 본 사람은 아무도 살 수 없기 때문이다〉(출애굽기 33장 20절)라고 말씀하셨습니다.

그분은 모세에게 그분의 〈등〉에 관해서까지 말씀하셨습니다. 「나의 영광이 지나갈 때에, 내가 너를 바위 틈에 집어넣고,

내가 다 지나갈 때까지 너를 나의 손바닥으로 가리워 주겠다. 그 뒤에 내가 나의 손바닥을 거두리니, 네가 나의 등을 보게 될 것이다. 그러나 나의 얼굴은 볼 수 없을 것이다.」(출애굽기 33장 22~23절)

만약 하나님이 그 자신을 단지 보이시지 않는 영으로만 나타내셨다면 어떻게 아담과 하와가 그분의 발자국 소리를 들었겠습니까? 「그 남자와 그 아내는, 날이 저물고 바람이 서늘할 때에, 주 하나님이 동산을 거니시는 소리를 들었다.」(창세기 3장 8절)

하나님은 또한 마음을 지니고 계십니다. 「땅 위에 사람 지으셨음을 후회하시며 마음 아파하셨다.」(창세기 6장 6절)

불꽃같은 예수님의 눈

자, 성자 하나님을 한번 볼까요.

예수님께서 이 땅에 오시기 전 그분은 성부 하나님과 같이 비물질적 형태로 계셨습니다. 그분의 육신, 피, 뼈 등은 그분이 베들레헴에서 아기로 태어나셨을 때 주어진 것입니다. 그리고 여러분과 똑같이 인간으로 자라나게 된 것입니다.

〈성부, 성자, 성령 중에서 어느 분이 제일 실제적인 인격일까요?〉 하고 질문한다면 많은 사람이 성자라고 대답할 것입니다. 그리스도는 인간의 형태를 입고 오셨기 때문에 우리는 그분을 알아볼 수가 있습니다. 사실 그리스도께서 사셨던 것과 돌아가셨던 것, 그리고 죽음으로부터 부활하셨던 것을 믿지 않는다면 크리스천이 되기란 불가능한 일이지요. 그것은 여러분의 구원을 가능케 한 기초였으니까요.

성경은 분명히 예수님은 삼위일체 하나님의 한 분으로서 혼을 가지셨다고 말하고 있습니다. 십자가에 못 박히시기 전에 겟세마네 동산에서 주님은 제자들에게 〈내 마음이 근심에 싸여 죽을 지경이다〉(마가복음 14장 34절)라고 말씀하셨습니다.

우리는 그리스도의 이미지를 쉽게 부각시켜 그분을 육체적으로 묘사할 수가 있습니다. 한 예로 그분은 긴 턱수염과 긴 머리를 가지고 계셨습니다. 메시아의 고난에 관한 구약 성경의 예언에서 여호와께서는 〈나는 나를 때리는 자들에게 등을 맡겼고, 내 수염을 뽑는 자들에게 뺨을 맡겼다〉(이사야 50장 6절)라고 하셨습니다. 그리스도는 또 관습적으로 남자들이 긴 머리를 하고 다니던 나사렛 사람이셨습니다.

오늘날 부활한 육체를 가지신 그리스도는 성부 하나님의 오른편에 앉아 계십니다. 그리고 어떻게 우리에게 보이실까요? 계시록에서 요한은 〈그는 발에 끌리는 긴 옷을 입고, 가슴에는 금띠를 띠고 계셨습니다. 머리와 머리털은 흰 양털과 같이, 또 눈과 같이 희고, 눈은 불꽃과 같고, (……) 얼굴은 해가 강렬하게 비치는 것과 같〉(요한계시록 1장 13~14절, 16절)은 그분의 환상을 보았습니다. 그 머리에는 〈금 면류관〉(요한계시록 14장 14절)을 쓰고, 〈왕들의 왕, 군주들의 군주〉(요한계시록 19장 16절)라고 쓰인 옷을 입고 계셨습니다.

요한이 이야기하는 이분은 성부 하나님이 아니십니다. 이분은 〈사람의 아들〉이십니다. 이분의 영화로우신 육체는 성부 하나님의 신성한 형태와는 다릅니다.

성령님 자신의 생각

그럼 성령님에 관해서는 어떻게 생각합니까? 그분 역시 생각과 뜻과 감정을 가지셨나요? 그분도 육체를 가지셨나요? 그분도 역시 그렇습니다. 그것은 많은 목사가 다루기를 꺼리는 주제입니다만, 나는 성령님의 인격에 대한 경험을 가지고 있습니다.

우리는 그분이 〈영〉이시라는 데 의심 없이 동의합니다. 그것은 그분의 이름의 일부이기도 합니다. 그럼 그분 속의 것은 어떻습니까? 그분은 정말로 〈인격〉이십니까?

첫째, 성령님은 그분 자신의 생각을 가지셨습니다. 바울은 이렇게 말했습니다. 「사람의 마음을 꿰뚫어 보시는 하나님께서는, 성령의 생각이 어떠한지를 아십니다. 성령께서, 하나님의 뜻을 따라, 성도를 대신하여 간구하시기 때문입니다.」(로마서 8장 27절) 성령님의 생각은 성부 하나님과 성자 하나님의 것과는 다릅니다.

그분은 또한 감정을 가지고 계십니다. 그분은 그분을 근심시키거나 사랑하는 것을 느낄 수 있는 깊은 감정을 가지고 계십니다. 「하나님의 성령을 슬프게 하지 마십시오. 여러분은 성령 안에서 구속의 날을 위하여 인치심을 받았습니다.」(에베소서 4장 30절) 그분에게는 감정이 있으시며 사랑을 표현할 능력이 있으십니다. 바울은 〈형제자매 여러분, 내가 우리 주 예수 그리스도를 힘입어서, 그리고 성령의 사랑을 힘입어서 여러분에게 부탁합니다. 나도 기도합니다만, 여러분도 나를 위하여 하나님께 열심으로 기도해〉(로마서 15장 30절) 달라고 썼습니다. 감정이 없는 사랑을 여러분은 상상이나 하겠습니까?

성령의 인격

비둘기와 양

성령님의 뜻은 무엇입니까? 아마도 여러분은 성령님께서 그분 자신이 결정을 내리시지는 못한다고 생각할 것입니다. 물론 그분은 하실 수 있습니다. 그러나 그분의 결정은 언제나 아버지 하나님의 뜻이나 성자 하나님의 뜻과 조화를 이룹니다. 성령의 은사를 말하면서 바울은 이렇게 썼습니다. 「이 모든 일은 한 분이신 같은 성령이 하시며, 그는 원하시는 대로 각 사람에게 은사를 나누어 주십니다.」(고린도전서 12장 11절) 다른 말로 표현하면 성령님은 결정권을 가지신 분입니다.

성령님의 〈육체〉에 대한 질문은 많은 혼란을 자아냅니다. 한 남자분이 최근에 내게 말했습니다. 「베니, 성령님의 육체는 정말 비둘기와 비슷해요. 그러니까 그분이 천국으로부터 내려오신 거지요.」

「그것이 만약 사실이라면 당신은 예수님이 정말 어린양이셨다고 믿어야 합니다. 계시록에 그렇게 표현되어 있으니까요.」

계시록에서 사도 요한은 한 장로가 말하는 것을 들었습니다. 「울지 마십시오. 유다 지파에서 난 사자, 곧 다윗의 뿌리가 승리하였으니, 그가 이 일곱 봉인을 떼고, 이 두루마리를 펼 수 있습니다」(요한계시록 5장 5절) 요한은 눈을 돌려 우는 사자를 기대했지만 대신 죽임을 당한 어린양을 보았습니다. 자, 예수님은 손바닥에 지문까지도 있는 실제 육체를 가지고 천국에 가셨습니다. 그러나 요한이 본 상징은 한 마리 양이었습니다. 왜 그렇습니까? 양은 하나님의 어린양, 즉 예수 그리스도를 상징합니다.

성령님은 예수님에 의해서 예수님의 침례 후 바로 나타나셨습니다. 「그때에 하늘이 열렸다. 그는 하나님의 영이 비둘기 같이 내려와 자기 위에 오는 것을 보셨다.」(마태복음 3장 16절) 성부 하나님과 성자 하나님을 뵐 수 있듯이, 성령님도 이렇게 뵐 수 있습니다. 그러나 아름다운 비둘기와 같이 내려오셨다 하여 하늘을 날아다니신다는 뜻은 아닙니다. 계시록에서 성령님은 켜져 있는 일곱 개의 횃불로 다시 한번 나타나십니다(요한계시록 4장 5절). 만약 성령님이 마태복음에서와 같이 비둘기로 오셨다면, 계시록에서는 그분이 일곱 촛불이나 일곱 횃불로 된 육체를 가지셨다고 기대할 수가 있겠지요. 성령님은 일곱 횃불이 아니십니다. 그분은 비둘기도 아니십니다. 양, 비둘기, 횃불, 이런 것들은 물리적 육체의 형태가 아니라 모두 상징입니다.

들으시고, 말씀하시고, 보신다

성령님은 귀나 입을 가지지 않으셨음에도 불구하고 우리와 교통하실 수 있다고 성경은 가르쳐 줍니다. 그분은 확실히 듣기도 하시며 우리에게 말씀도 하십니다. 「듣는 것만 일러 주실 것이요.」(요한복음 16장 13절) 그러기에 우리는 그분의 말씀을 들어야만 합니다. 「귀가 있는 사람은, 성령이 교회들에 하시는 말씀을 들어라.」(요한계시록 2장 7절) 그분은 우리와 같은 눈을 가지지 않으셨지만 〈성령은 모든 것을 살피시니, 곧 하나님의 깊은 경륜까지도 살피십니다〉(고린도전서 2장 10절)라고 하셨습니다. 여러분을 귀와 입과 눈을 가진 형상으로 창조하신 창조주, 즉 성부, 성자, 성령께서 여러분을 이해하시거나 여러분에게 말씀하실 수 있다고 기대하지 않았습니까?

또한 성령님은 그의 임재를 육체적 형태로 나타내시더라도 어느 곳에나 동시에 편재해 계실 수 있음을 나는 믿고 있습니다. 성경은 이것을 명확히 말해 줍니다. 「하나님의 영은 물 위에 움직이고 계셨다.」(창세기 1장 2절)

그러나 성경은 성령님이 어떻게 생기셨는지 말해 주지 않습니다. 나는 아버지 하나님께서 자신을 어떻게 나타내시는지 여러분에게 말했습니다. 또한 그리스도에 대한 묘사도 약간은 했습니다. 그러나 성령님이 자신을 어떻게 나타내시는지에 관한 자세한 묘사는 성경에 거의 없습니다. 그분은 어떤 때는 보이시지만 들리시지 않고, 또 어떤 때는 들리시지만 보이시지 않습니다. 그분은 언제든지 자신의 임재를 나타내실 수 있으며, 그분이 선택하신 어떤 형태로든 메시지를 나타내십니다.

놀라운 공통점

성부 하나님은 이따금 어떻게 보이실까요? 전 그분이 물리적으로 나타나신 모습을 뵌 적이 없지만 — 성령님도 마찬가지이십니다 — 예수님처럼 이 땅에 나타내 보이실 수 있다고 믿고 있습니다. 사실 하나님의 신성은 그분의 형상을 따라 창조된 사람(창세기 1장 26~27절, 야고보서 3장 9절)을 통해 많이 알려져 계십니다.

히브리서에는 그리스도에 대하여 〈그는 하나님의 영광의 광채시요, 하나님의 본체대로의 모습〉(히브리서 1장 3절)이라고 기록되어 있습니다. 나는 여기서 한 가지 결론을 내릴 수 있습니다. 우리가 예수님을 뵐 때에 우리는 아버지 하나님도 뵙니다. 또한 예수님이 아버지 하나님을 나타내신 것처럼 성령님도 나타내신다고 믿습니다. 즉, 우리가 예수님을 뵐 때 성령님도 같이 뵙게 되는 것입니다.

언젠가 나는 확실히 알게 될 것입니다. 여러분도 역시 그렇게 되리라고 믿습니다.

다시 말하면 성령님은 천국에서 온 시원한 바람도, 여러분의 삶 속을 들락날락하는 안개같이 떠 있는 구름도 아니십니다. 그분은 삼위일체 안에서 성부 하나님과 성자 하나님과 동등하신 하나님이며 우리와 함께 계십니다. 바울은 고린도전서에서 〈여러분은 하나님의 성전이며, 하나님의 성령이 여러분 안에 거하신다는 것을 알지 못합니까? 누구든지 하나님의 성전을 파괴하면, 하나님께서도 그 사람을 멸하실 것입니다. 하나님의 성전은 거룩합니다. 여러분은 하나님의 성전입니다〉(고린도전서 3장 16~17절)라며 성령님은 하나님의 성전에 거하신다고 말하고 있습니다. 우리는 곧 하나님의 성전이며, 아버지 하나님과 성령님은 우리 안에서 동등하십니다.

성부 하나님, 성자 하나님과 동등하신

성령님은 단순한 인격만을 가지신 분이 아닙니다. 성부 하나님과도 다르시며 또한 성자 하나님과도 다르십니다. 그분은 아주 독특하십니다. 그분은 아버지 하나님이나 그리스도와 대등한 위치에 계십니다.

우리는 먼저 성령님께서 편재해 계심을 알아야 합니다. 다시 말하면 그분은 어느 장소에나 동시에 계실 수 있습니다. 영들이라 하여 모두가 편재해 있는 것은 아닙니다. 그러나 성령님만은 가능하십니다. 그분은 로스앤젤레스에도 계시고, 또한 페테르부르크에도 같은 시간에 계십니다. 생생하면서도 가득 찬 영광과 함께.

어떤 사람들은 사탄에 대해서 잘못 알고 있습니다.

그들은 마귀가 편재해 있다고 생각합니다. 그러나 마귀는 그렇지 못하다는 것을 여러분에게 확실히 말하고 싶습니다. 사탄은 같은 시간에 모든 장소에 있을 수 없습니다. 천사들은 같은 시간에 모든 장소에 있지 못하기 때문입니다. 마귀는 원래 천사 중에서도 천사장이었습니다. 미가엘 천사나 가브리엘 천사가 편재해 있지 못하듯이 사탄도 그렇지 못합니다.

성령님이 편재해 계심을 시편에서는 이렇게 말합니다.

> 내가 주님의 영을 피해서 어디로 가며, 주님의 얼굴을 피해서 어디로 도망치겠습니까? 내가 하늘로 올라가더라도 주님께서는 거기에 계시고, 스올에다 자리를 펴더라도 주님은 거기에도 계십니다. 내가 저 동녘 너머로 날아가거나, 바다 끝 서쪽으로 가서 거기에 머무를지라도, 거기에서도 주님의 손이 나를 인도하여 주시고, 주님의 오른손이 나를 힘 있게 붙들어 주십니다.(시편 139편 7~10절)

성령님은 무소부재(無所不在)하실 뿐만 아니라 모든 힘을 가지신 무소불능(無所不能)하신 분입니다. 천사가 마리아에게 〈성령이 그대에게 임하시고, 더없이 높으신 분의 능력이 그대를 감싸 줄 것이다〉(누가복음 1장 35절)라고 하였습니다. 지극히 높으신 이의 능력은 하나님의 성령을 말합니다. 지극히 높으신 이의 능력은 바로 성령님이시며 그분은 전지전능하신 분입니다. 모든 영광! 모든 능력! 전능하신 하나님!

성령님은 또한 모든 것을 아시는 분입니다. 그분은 모르는 것이 없으십니다. 다음 구절을 읽고 있으면 나는 언제나 흥분하게 됩니다.

그러나 성경에 기록한바 〈눈으로 보지 못하고 귀로 듣지 못한 것들, 사람의 마음에 떠오르지 않은 것들을, 하나님께서는 자기를 사랑하는 사람들에게 마련해 주셨다〉 한 것과 같습니다. 하나님께서는 성령을 통하여 이런 일들을 우리에게 계시해 주셨습니다. 성령은 모든 것을 살피시니, 곧 하나님의 깊은 경륜까지도 살피십니다. 사람 속에 있는 그 사람의 영이 아니고서야, 누가 그 사람의 생각을 알 수 있겠습니까? 이와 같이, 하나님의 영이 아니고서는, 아무도 하나님의 생각을 깨닫지 못합니다. (고린도전서 2장 9~11절)

생각해 보십시오. 성령님은 실제 하나님의 마음을 살피고 계십니다. 그분은 하나님의 마음속에 무엇이 있음을 발견하시고 그것을 여러분에게 나누어 주십니다. 그러고는 〈여기 내가 발견한 것이 있어〉 하고 말씀하실 것입니다. 어떻게 그분은 하나님의 깊은 것들에 통달하실 수 있을까요? 그분은 모든 것을 아시기 때문입니다.

여기 여러분이 사탄에 대해 좀 더 알아야 할 것이 있습니다. 사탄은 여러분의 마음을 읽지 못합니다. 천사들도 여러분의 마음을 읽지 못합니다. 마귀는 천사였습니다. 만약 그가 여러분의 마음을 읽을 수 있다면 그는 모든 것을 아는 영이 됩니다.

오직 아버지 하나님과 성령님만이 그렇게 하실 수 있습니다. 사탄은 여러분의 마음을 읽을 수 없습니다.

성령님은 예배받으실 수 있나요?

여기 내가 하고 싶은 중요한 질문이 있습니다. 만약 성령님께서 무소부재하시고 무소불능하시며, 모든 것을 아신다면 우리는 그분을 하나님으로서 예배드려야 할까요? 그분은 우리의 찬양과 경배를 원하고 계실까요?

성령님께 예배한다는 주제는 크리스천에게 큰 문제가 됩니다. 그들은 그런 주제를 토론하는 것마저 기피합니다. 그들에게 〈왜 당신은 성령님께 예배드리지 않습니까?〉 하고 질문한다면 그들은 답을 찾지 못할 것입니다. 솔직히 말해서 나도 같은 문제를 안고 있었습니다. 왜냐하면 마귀가 예전처럼 나를 속였기 때문입니다. 나도 〈어떻게 성령님께 예배드릴 수 있는가? 그렇게 배운 적은 없는데〉 하고 생각했지요.

성령님은 오순절 경험을 여러분에게 주신, 하늘에 나는 새보다 훨씬 수준 있으신 분입니다. 그분이 성부 하나님, 성자 하나님과 동등하신, 우리가 앞에서 살펴본 것과 같으신 분이라면, 그분은 예배를 받으셔야 마땅합니다. 결국 우리는 아버지 하나님께 예배드리지 않습니까? 그리고 성자 하나님께 예배드리지 않습니까?

여러분은 아직도 의아해하고 있나요?「어떻게 성령님이 예배받으실 수 있나요?」이렇게 의심한다면 여러분은 어떻게 성부 하나님께 예배를 드립니까? 어떻게 성자 하나님께 예배를 드립니까? 다른 점이 하나도 없지 않습니까? 여러분의 헌신과 사랑을 그분께 쏟으십시오.

성경은 우리에게 삼위일체 하나님 — 성부, 성자, 성령 — 은 스스로 존재하신다고 가르칩니다. 「하물며 영원한 성령을 힘입어 자기 몸을 흠 없는 제물로 삼아 하나님께 바치신 그리스도의 피야말로, 더욱더 우리들의 양심을 깨끗하게 해서, 우리로 하여금 죽은 행실에서 떠나서 살아 계신 하나님을 섬기게 하지 않겠습니까?」(히브리서 9장 14절)

우리가 천사들에 대해 배웠을 때 그들이 예수님의 존재로 말미암아 창조되었다는 것을 알았습니다. 여러분에게 희소식이 있습니다. 성령 하나님은 성부 하나님이나 성자 하나님과 똑같이 〈스스로 존재하시는 분〉이라고 말할 수 있습니다.

기름, 물, 구름 그리고 빛

성령님과의 첫 대면 이래 나는 그분의 임재하심을 점점 더 확실하게 체험하게 되었습니다. 성경 공부와 그분과의 친교, 또 모든 나타나심으로 성령님과의 동행은 점점 더 완전하게 되어 갔습니다.

최근 성경 말씀을 공부하던 중에 아내에게 〈내 위에 온통 하나님의 임재하심을 느낄 수가 있어〉 하고 말한 적이 있습니다. 그날 밤 나는 말씀의 뜻과 성령님과 그들의 관계를 공부하고 있었는데 나를 움직인 것이 있었습니다.

성령님을 〈근심〉시킨다는 것은 정말 무슨 뜻일까요? 내가 배운 바로는 성령님은 모양을 가질 수 있는 단순한 영이 아니셨습니다. 그분은 너무나 실제적이시기에 저항받으실 수도 있다는 것입니다. 많은 사람이 성령님을 바람이시라고 생각하고 있습니다. 그러나 그분은 바람이 아니십니다. 그것은 기름, 물, 비둘기, 구름, 빛 등 성령님과 교통하는 데 사용된 여러 상징 중의 하나일 뿐입니다. 성령님이 이런 상징들을 닮으셨다는 뜻은 결코 아닙니다.

바람은 보이지 않을 뿐 아니라 그것을 저지할 수도 없습니다. 〈저지〉라는 단어의 뜻은 거스른다는 것입니다. 여러분은 바람을 거스를 수 없습니다. 바람을 향하여 서 있으면, 바람은 여러분 옆으로 지나갈 것입니다. 그러나 성령님은 거스를 수 있습니다. 여러분은 실제 그분의 사역을 중지시킬 수 있는 것입니다. 스데반은 산헤드린의 연설에서 모세의 말을 인용하여 〈목이 곧고 마음과 귀에 할례를 받지 못한 사람들이여, 당신들은 언제나 성령을 거역하고 있습니다. 당신네 조상들이 한 그대로 당신들도 하고 있습니다〉(사도행전 7장 51절)라고 말했습니다.

그들은 성령님을 거슬렀습니다. 그리고 불행히도 그들은 성령님을 거스르는 일에 성공하였습니다. 기억하십시오. 바람이나 기름, 그리고 어디론가 날아가 버릴 수 있는 비둘기라도 저지할 수 없습니다. 그러나 인격은 무시할 수 있습니다. 그래서 성령님을 거스를 수가 있는 것입니다.

나는 〈grief〉, 〈grieved〉의 그리스 원어를 조사했습니다. 어원은 루파loopa 입니다. 〈육체나 마음에 고통을 느끼다〉라는 뜻이지요. 정신적으로나 육체적으로 고통을 겪는다는 뜻입니다.

성령님은 인격이십니다. 그렇지 않다면 바울은 〈하나님의 성령을 슬프게 하지 마십시오〉(에베소서 4장 30절)라고 말하지 않았을 것입니다. 성령님이 상처받으신다는 뜻만은 아닙니다. 상처받음은 감정의 변화를 말하지만 그분이 근심하신다는 것은 훨씬 더 깊은 상태를 뜻합니다.

그뿐 아니라 성령님은 소멸당하실 수도 있습니다. 물리쳐지실 수 있다는 뜻이지요. 바울은 〈성령을 소멸하지 마십시오〉(데살로니가전서 5장 19절)라고 말했습니다. 여러분은 바람이나 그 밖의 상징들을 소멸할 수는 없습니다. 그러나 여러분은 인격을 무시할 수는 있습니다. 그리고 그 인격은 성령님이신 것입니다.

아주 쉽게 상처받으신다

또한 성령님은 괴롭힘을 당하시거나 고통받으실 수 있다는 것을 여러분은 알 필요가 있습니다. 그분은 괴롭힘을 당하실 수 있습니다. 이사야는 이스라엘을 향한 하나님의 긍휼을 이야기하였습니다. 「그들은 반역하고, 그의 거룩하신 영을 근심하게 했습니다. 그러므로 그는 도리어 그들의 대적이 되셔서, 친히 그들과 싸우셨습니다.」(이사야 63장 10절) 상상하기 어려운 일이지만 그것은 사실입니다. 성령님은 인간에게 고통당하실 수 있습니다. 원어인 vex에는 진저리 나게 하는 고생, 근심, 괴롭힘의 뜻이 실려 있습니다. 인격만이 그러한 고통의 희생물이 되실 수 있는 것입니다.

강한 바람은 조용할 수가 없습니다. 그러나 〈천사가 나를 보고, 소리를 치면서 말하였다.《북쪽 땅으로 나간 말들이 북쪽 땅에서 내 마음을 시원하게 하였다》〉(스가랴 6장 8절)라고 하신 것처럼 성령님은 여러분의 소망에 응답하시는 분입니다. 여러분은 그분에게 조용히 하라고 말할 수 있습니다. 그러면 그분은 그렇게 하실 것입니다. 그렇다면 여러분은 그분을 근심시키는 모험을 하고 있는 것입니다.

수많은 집회에서 나는 성령님께서 말씀하시려다가 어떤 육적인 상태fleshly manifestation에 의하여 잠잠해지시는 것을 많이 보아 왔습니다. 신성한 순간에 성령님께서 뒤로 물러서 계시는 것을 느꼈습니다.

성령님은 싸우시는 분이 아니십니다. 그분은 사랑의 인격체이십니다. 여러분이 그분을 거스른다면 그분은 곧 떠나실 것입니다. 그러나 사탄처럼 도망가는 것은 아닙니다. 성령님은 두려움으로 도망치는 것이 아니라, 상처받은 마음으로 물러나시는 것입니다. 만약 그분을 근심케 했다면 그분은 조용히 후퇴하실 것입니다. 소멸당하시면 그분은 조용히 떠나실 것입니다. 그렇게 사랑스러우신 분을 마음 상하게 하거나 무시한다면 그것은 매우 비극적인 일입니다. 그런데도 어떤 사람들은 그렇게 합니다. 이스라엘 백성들도 그렇게 했습니다. 오늘날도 성령님께서는 우리와 사랑스런 친교를 나누길 원하시지만 우리는 그분을 무시하고 거슬러서 그분에게 상처를 드리고 있습니다.

아직도 내 귀에는 피츠버그에서 캐서린 쿨먼 여사가 큰 고통으로 울먹이며 하던 말이 들려옵니다. 「제발, 그분에게 상처를 주지 마세요. 그분은 저의 전부입니다.」

7 항해를 위한
순풍

「만약 술 취한 사람을 보거든 길을 건너 다른 쪽으로 걸어 가거라.」 이것은 우리가 거룩한 땅에서 어린 시절을 보내고 있을 때 아버지께서 주셨던 충고입니다.

매일 아침, 나는 형제자매들과 같이 가톨릭 학교까지 걸어 다녔습니다. 그런 일은 매일 일어나다시피 했는데, 아버지의 충고를 기억할 겨를도 없이, 우리는 술 취한 사람이 다 지나갈 때까지 거의 본능적으로 다른 길을 택하여 걸었습니다.

어떻게 우리는 그 사람이 술 취한 줄 알았을까요? 그에게 가서 〈아저씨 술 취했어요?〉 혹은 〈냄새 좀 맡아 볼까요?〉 하고 묻지는 않았습니다. 어렸지만 우리는 그가 취했다는 것을 알았습니다. 그가 걷는 법, 그의 표정, 단정치 못한 차림 등 모든 것이 우리에게 말해 주고 있었습니다. 그가 이미 정신이 반쯤 나간 상태라는 것을 말입니다.

술 취한 사람의 행동은 사악한 힘이 조정합니다. 그는 나쁜 세력에게 항복한 것입니다.

사도 바울이 〈술에 취하지 마십시오. 거기에는 방탕이 따릅니다. 성령의 충만함을 받으십시오〉(에베소서 5장 18절)라고 말할 때보다 더 단호한 적은 없었습니다. 방탕한 생활과 의로운 생활은 대조적인 현상입니다. 바울은 술 취함은 신앙적인 것이 아니라고 경고했습니다. 남자든 여자든 알코올에 의지하여 산다면, 어떻게 그런 사람들을 성령님께서 조정하실 수가 있겠습니까?

누구에게 조정되고 있는가를 안다는 것은 어려운 일일까요? 전혀 그렇지 않습니다. 여러분은 매일 하나님을 떠난 사람들을 만날 것입니다. 여러분은 그들의 행동을 볼 것이고 말투를 들을 것입니다. 사탄이 그들의 생활 하나하나를 직접 지시한다는 것을 알 수 있습니다.

성령 충만한 생활

여러분은 변화될 것입니다

그러면 성령님과 만나고 있는 사람은 어떻습니까? 성령 충만한 생활이 나타난 표적은 무엇입니까? 많은 것이 있을 것입니다. 설명의 차원을 넘는 놀랄 만한 변화가 있게 될 것이며 긍정적인 〈나타남〉이 증가되기 시작할 것입니다.

바울은 성령 충만을 받은 후 네 가지 다른 결과를 기대할 수 있다고 기술합니다. 그 결과는 마치 성령의 땅에 씨를 뿌려 천국의 수확을 거두어들이는 것과 같습니다.

성령 충만한 삶에서 여러분은 이렇게 변화될 것입니다.

첫 번째, 여러분의 언어가 달라지게 됩니다. 바울 사도는 〈시와 찬미와 신령한 노래로 서로 화답하며〉(에베소서 5장 19절)라고 말합니다. 시편에서와 같은 대화를 우리가 주고받는다면 얼마나 놀랄 만한 세상이 될지 여러분은 상상할 수 있겠습니까?

최근 조사에 따르면 영어에서 제일 많이 사용되는 단어는 〈나〉라는 말입니다. 그러나 성령의 인도를 받는 크리스천은 전혀 다릅니다. 자기 중심이 아닌, 하나님 중심이 됩니다. 갑자기 여러분은 〈하나님을 찬양〉(시편 150편 1절)하며, 그리고 〈숨쉬는 사람마다 주님을 찬양〉(시편 150편 6절)하라고 말할 것입니다.

두 번째, 여러분은 새로운 노래를 부르게 됩니다. 〈여러분의 가슴으로 주님께 노래하며 찬송하십시오〉(에베소서 5장 19절)라고 바울은 말합니다. 그것은 새로운 노래 훨씬 이상의 것이며 여러분의 마음속에서 우러나는 것입니다. 여러분은 속사람으로 변화될 때 음률이 솟아날 것입니다. 그것은 자연적인 반응입니다. 가수가 되라는 말이 아닙니다. 성령님을 만난 이래로 나의 입술에서는 항상 노래가 그치지 않습니다.

세 번째, 여러분은 감사하기 시작할 것입니다. 〈모든 일에 언제나 우리 주 예수 그리스도의 이름으로 항상 아버지 하나님께 감사를〉(에베소서 5장 20절) 드리며, 갑자기 여러분은 모든 것에 대해 그분께 감사하기 시작할 것입니다. 여러분은 좋은 일에도 감사하고 또 그다지 좋지 않은 일에도 감사할 것입니다. 여러 가지 선물을 주시는 이는 여러분에게 무엇이 필요한지 정확하게 알고 계신다는 사실을 명심하십시오. 결과는 여러분의 태도 변화입니다. 무슨 일이 일어나든지 간에 여러분은 〈감사합니다〉라고 말하게 될 것입니다.

네 번째, 여러분은 봉사자가 될 것입니다. 〈그리스도를 두려워하는 마음으로 서로 순종〉(에베소서 5장 21절)하라고 바울은 말합니다. 그것은 피차 사랑 안에서 존경하는 것을 뜻합니다. 여러분의 마음은 다른 사람을 돕기를 갈망할 것입니다. 여러분이 〈알려만 주십시오. 제가 하겠습니다〉라고 말하도록 성령님은 여러분을 인도하실 것입니다.

〈성령의 충만을 받으라〉라는 뜻은 무엇입니까? 어떤 이들은 주유소에 가서 자동차 기름 탱크에 기름을 채워 넣는 것과 똑같다고 생각합니다. 그러나 전혀 그렇지가 않습니다.

설교단에 설 때마다 나는 항상 기름병을 준비합니다. 그리고 성경에서 가르치는 것처럼 치유를 원하는 이들에게 발라 줍니다. 그것은 조금 작은 병으로 올리브기름이 채워져 있습니다. 내가 기름을 사용하면 그것은 점차 없어집니다. 병은 스스로 다시 채울 수 없습니다.

에베소서에 있는 〈충만을 받으라〉는 말은 병이나 어떤 그릇하고는 관계가 없습니다. 그리스어의 현재 시제는 성령 충만을 단 한 번 경험한다는 뜻으로 사용되지 않습니다. 그것은 계속적인 경험을 나타냅니다.

여러분은 돛을 단 보트를 타고 하루를 지낸 적이 있습니까? 재미있는 모험입니다. 돛이 부풀어 오르면 보트는 어떻게 됩니까? 움직이기 시작합니다. 바울이 말하는 것이 바로 그것입니다. 움직임이 없는 그릇과 같지 아니하고, 바람으로 부풀어 계속되는 항해와 같이 여러분이 채워지기를 바울은 원하고 있는 것입니다. 채워지고 또 채워지기를 말입니다. 그는 여러분의 영적 항해가 그침 없는 성령으로 채워져 앞으로 계속 나아가길 원하고 있습니다.

당신이 뭔데?

성령님으로 채워지면 그것은 행동으로 나타납니다. 여러분의 말씨에서, 마음에서, 태도에서, 활동에서 나타납니다. 얼마나 큰 변화입니까? 여러분이 사용하는 말들은 고양될 것이며, 여러분의 마음은 조화를 이룰 것입니다. 또한 여러분은 주님께 감사하며, 진실되고 겸손하게 봉사할 것입니다. 어떻게 성령으로 충만된 사람들이 불경스러운 말을 할 수 있겠습니까? 어떻게 마음이 질투나 비아냥거림이나 비판들로 채워지겠습니까? 성령으로 충만된 사람은 〈당신이 뭔데 내게 이래라 저래라 하는 거요?〉라거나, 〈어떻게 하나님이 나를 그렇게 대할 수가 있을까?〉라고 말하지 않습니다. 이러한 말들은 성령이 없거나 성령으로 채워지지 않은 자기중심적인 사람들이라는 증거입니다.

그리스도께서 아버지께로 올라가시면서 여러분 스스로 행동하라고 하시지 않았습니다. 도움이 오는 중이라고 하셨습니다. 결국 중요한 것은 여러분의 힘이나 능력이 아닙니다. 「힘으로도 되지 않고, 권력으로도 되지 않으며, 오직 나의 영으로만 될 것이다.」(스가랴 4장 6절)

여러분이 예수님을 영화로우시게 할 수 있는 것은 성령님에 의해서입니다. 여러분의 마음이 노래로 가득 찰 수 있는 것도 성령님에 의해서입니다. 여러분이 〈예수님, 모든 것에 대해 감사합니다〉라고 말할 수 있는 것도 성령님 때문입니다. 〈당신을 용서합니다〉라고 여러분이 말할 수 있도록 하는 분도 성령님이십니다.

또한 우리 마음속에서 우러나오는 하나님의 사랑은 어디로부터 생기는 것입니까? 그것도 역시 성령님에 의해서입니다.

바람은 볼 수 없으되 그것이 끼친 영향은 볼 수 있습니다. 나무가 움직이고 깃발이 나부낍니다. 보트도 움직이기 시작합니다. 오, 바람의 힘이여!

여러분은 성령님이 살아 계신지에 대해 연구할 필요가 없습니다. 여러분은 그분이 여러분에게 주시는 능력에서 증거를 느낄 수 있습니다. 한번 그분이 여러분에게 채워진 후, 그것을 확인하려고 하는 것은 소용없는 일입니다. 누군가가 〈베니, 제가 성령으로 충만되어 있는지 말해 줄 수 있겠어요?〉 하고 물은 적이 있습니다. 〈형제님, 만약 당신이 모른다면 충만되지 않은 것입니다〉라고 내가 대답했지요. 결과를 보게 되면 질문할 필요도 없습니다. 자신의 충만함에 대해 의심하는 사람들은 결코 그것을 받은 적이 없는 사람들입니다.

구원으로부터

「어떻게 성령 충만을 받을 수 있나요? 만약 방언을 한다면 그것이 징조인가요?」 여러분은 이렇게 질문하겠지요.

성령님은 여러분이 주 예수 그리스도에게 여러분의 죄를 용서해 달라고 고백하고 여러분의 마음을 깨끗하게 하는 순간 나타나십니다. 여러분이 그것을 믿지 않으면 삼위일체를 이해할 수 없습니다. 디도서에서 바울은 말합니다. 「우리를 구원하셨습니다. 그분이 그렇게 하신 것은, 우리가 행한 의로운 일 때문이 아니라, 그분의 자비하심을 따라 거듭나게 씻어 주심과 성령으로 새롭게 해주심으로 말미암은 것입니다. 하나님께서는 이 성령을 우리의 구주이신 예수 그리스도로 말미암아 우리에게 풍성하게 부어 주셨습니다. 그래서 우리는 그분의 은혜로 의롭게 되어서, 영원한 생명의 소망을 따라 상속자가 되었습니다.」(디도서 3장 5~7절)

지금 우리는 성령님의 충만하심에 대하여 지구상의 수백만 명이 경험해 온 것을 증거로 하여 이야기하고 있습니다. 통계는 압도적입니다. 나는 어떤 사람들은 아직 그 점에 대해 논쟁하기를 좋아한다는 것을 압니다. 그러나 성령을 체험한 사람은 결코 그 논쟁에 좌우되지 않습니다.

나는 내가 거듭난 후의 처음 며칠간을 잊을 수가 없습니다.

나는 마치 어린아이와 같았습니다. 여러분은 젖먹이 아이에 대하여 잘 알 것입니다. 아이들은 항상 넘어지고, 울고, 도움을 청합니다. 내가 바로 그랬지요. 당시 교회 선배와 마찬가지로 나도 몇 번이고 의심을 가졌습니다. 「아, 무언가 뽑히고 있는 것 같아요.」 나는 말했지요.

「왜 그래?」

「성령님으로 채워졌는지 잘 모르겠어요.」 나는 채워지지 않았습니다.

「베니, 성령님을 간구했니?」 선배가 물었습니다.

「그럼요.」

「그렇게 했으면 틀림없어.」

그러나 여러분, 당시에 나는 그리스도 안에서 갓난아이였습니다. 내가 말하고 있는 것을 몰랐습니다. 솔직히 말해서 나는 내가 무엇을 구하고 있는지 모르고 있었지만, 누군가가 이야기하는 것을 들었지요. 〈당신이 방언을 하면 충분합니다〉라고 말입니다.

내가 그 후에 안 사실은 방언은 은사 중의 하나일 뿐이라는 것입니다. 그러나 여러분에게 주시는 분의 존재만큼 은사가 필요한 것은 아닙니다. 바울은 로마서에 기록하기를 〈하나님께서 주시는 고마운 선물과 부르심은 철회되지 않습니다〉(로마서 11장 29절)라고 했습니다. 은사는 절대로 떠나지 않지만, 주시는 분의 능력은 거두어들여질 수가 있습니다. 주시는 분을 무시하거나 근심시키면 거두어들여질 것입니다.

사울 왕에게 어떤 일이 일어났는지 결코 잊지 마십시오. 주님께서는 〈사울을 왕으로 세운 것이 후회된다. 그가 나에게서 등을 돌리고, 나의 명령을 따르지 않는다〉(사무엘상 15장 11절)라고 말씀하셨습니다. 그리고 사무엘에 의해서 다윗이 기름부으심을 받고 새 왕이 되었습니다. 「사울에게서는 주님의 영이 떠났고, 그 대신에 주님께서 보내신 악한 영이 사울을 괴롭혔다.」(사무엘상 16장 14절)

항복

여러분의 항해를 수정하였습니까?

〈어떻게 성령님께 접근할 수 있을까요? 어떻게 그분을 맞을 준비를 할 수 있을까요?〉 하고 여러분은 질문하겠지요.

내가 여러분에게 질문을 해야겠습니다. 여러분의 보트는 항해할 준비가 되었나요? 항해에 견딜 만한가요? 아니면 항해를 수정하였습니까? 그분이 여러분에게 기운을 불어넣기 시작하실 때 그 보트는 성령의 바람을 맞을 준비가 되어 있나요?

이것은 마치 결혼을 준비하는 것과 마찬가지입니다. 여러분은 결혼식장에 설 순간을 위하여 준비하는 데 시간을 보낼 것입니다. 그리고는 〈이날 이후부터는 같이 나누며 같이 이루며 살자〉라고 선서할 것입니다. 여러분 자신을 여러분의 반려자한테 주는 것입니다. 이것이 사랑에 항복하는 이타적인 행동입니다. 그 시간으로부터 독특한 결합의 친교가 시작되며, 남편과 아내로 불려집니다.

그런데, 여러분이 결혼식에서 약속한 사항을 여러분 자신의 것으로만 돌리면 어떻게 됩니까? 「당신은 그것을 만지면 안 돼, 그것은 내 것이야!」 또한 여러분의 반려자가 그렇게 말한다면 어떻게 됩니까? 여러분의 관계에 벽이 생기기 시작하며, 그 결합은 깨지기 시작할 것입니다. 가정은 비틀거리게 될 것입니다. 오로지 완전한 항복만이 완전한 교제를 가져다줍니다. 그것만이 사랑과 이해를 만들어 냅니다.

금이 간 관계를 다시 회복시키는 데는 단 한 가지 방법이 있을 뿐입니다. 보트를 타고 항해하는 것과 같이, 여러분은 무리하게 당기거나 너무 대항하면 안 됩니다. 그 반대로 유연하게 순응하여야만 합니다. 새로운 사랑의 채워짐에 항복하여야 합니다.

여러분이 주님께 항복하는 순간, 그분은 그분의 성령으로 여러분을 채워 주실 것입니다. 여러분은 채워 주실 것을 간청할 필요가 없습니다. 그리고 한없는 눈물을 뿌릴 필요가 없습니다. 그리스도께 완전히 항복하는 것과 그분의 귀하신 성령님을 포용할 수 있는 자발성만 있으면 충분합니다.

완전한 항복은 완전한 충만함을 가져오며, 완전한 순종은 완전한 친교를 가져옵니다. 그러나 결혼 생활과 같이 여러분은 매일 노력해야만 합니다. 「예수님, 당신을 사랑합니다. 아버지 하나님 찬미를 받으시옵소서. 귀하신 성령님 당신과의 친교를 기다립니다.」 여러분이 단 하루라도 교통하기를 게을리하면 다음 날부터는 조금씩 더 어려워져 갑니다.

날이 선 칼처럼

결혼 생활에서 한쪽이 상대방을 무시하면 어떻게 됩니까? 곧 괴로움이 마음에 가득 차고 말씨는 날이 선 칼처럼 날카로워집니다. 괴로움은 곧 노여움과 질투와 원한으로 바뀌어 갑니다. 사람들은 헤어져 이혼을 겪고, 증오까지 하게 됩니다. 그러나 갈라진 틈을 쉽게 메울 수도 있습니다. 여러분의 깊숙한 마음으로부터 나오는 새로운 항복만으로 메워집니다. 그리고 새로운 선서 〈사랑과 존경과 소중히 여김〉이 생기게 됩니다.

여러분이 주님을 무시하면 똑같은 일이 벌어집니다. 여러분은 괴로움과 노여움에 싸이고 갑자기 주님과의 친교로부터 멀어질 것입니다. 광야에서 이스라엘 백성들한테 일어났던 일처럼 말입니다. 그들은 불평하기 시작했습니다. 「차라리 우리가 이집트 땅에서 죽었더라면 더 좋았을 것이다. 아니면 차라리 우리가 이 광야에서라도 죽었더라면 더 좋았을 것이다. 그런데 주님은 왜 우리를 이 땅으로 끌고 와서, 칼에 맞아 죽게 하는가?」(민수기 14장 2~3절)

그래서 주님께서는 모세와 아론에게 말씀하셨습니다. 「나를 원망하는 이 악한 회중이 언제까지 그럴 것이냐?」(민수기 14장 27절)

이스라엘 백성은 〈주님은 하나님이십니다〉라고 찬미하는

것으로부터 〈이집트로 돌아가는 게 나을 겁니다〉라고 불평하는 것으로 바뀌었습니다. 무엇이 그렇게 변하게 만들었을까요? 그들은 그분께 구하기를 그쳤고, 그들의 마음은 무뎌져 갔습니다. 무슨 일이 일어났는지를 이해하기 전에 주님을 등지게 되었습니다.

주님께 새로운 항복 없이 또 다른 하루가 지나가게 하지 마십시오. 바울은 〈우리의 겉사람은 낡아 가나 우리의 속사람은 날로 새로워집니다〉(고린도후서 4장 16절)라고 하였습니다. 항복은 계속되어야 하며, 주님께 자신을 비우는 날이 결코 중단되어서는 안 될 것입니다. 한번 습관으로 만들면 여러분은 하나님과의 완전한 연합, 완전한 친교, 완전한 이해, 완전한 사랑의 경험을 하기 시작할 것입니다.

나는 여러분의 지속적인 성령 충만이 하나님의 뜻이라고 믿습니다. 바울은 〈성령의 충만을 받으라〉고 말하기 바로 전에 〈어리석은 자가 되지 말고 주님의 뜻이 무엇인지를 깨달으십시오〉(에베소서 5장 17절)라고 거의 단숨에 말했습니다. 바울은 모든 믿는 자 안에 성령님이 계셔야 하는 것은 하나님의 뜻이라고 확신하고 있습니다. 그것은 남녀노소를 불문한 여러분을 향한 하나님의 뜻입니다.

긴장을 풀고 느슨하게

토론토 근처 어느 교회에서 나는 성령 충만을 받기 위해 기도하고 있는 한 젊은이를 본 적이 있습니다. 긴장으로 가득 찬

그의 얼굴을 보았지요. 그는 정말 성령님과 만나기를 간청하고 또 간청하고 있었습니다.

나는 그에게 가서 말해 주었습니다.「젊은이, 간청한다고 얻어지는 것이 아니네. 긴장을 풀고, 자신을 내맡기고 항복만 하면 아주 쉬운 것이네.」그가 긴장을 풀고 그대로 하자마자 곧 성령이 그 젊은이 위에 임하셨습니다. 아름다운 장면이었지요. 그가 하늘의 언어로 기도하기 시작하자 그의 얼굴에는 밝은 미소가 나타났습니다.

어떻게 항복할 것입니까? 그것은 여러분이 노력한다고 되는 것이 아닙니다. 그것은 마치 수영을 배우는 것과 같습니다. 여러분이 수영을 하려고 노력하면 할수록 몸은 더욱 가라앉아 버리고 맙니다. 그것이 바로 수영 교사가 처음 아이들에게 수영을 가르칠 때 긴장을 풀고 물에 뜨는 것을 먼저 배우라고 하는 이유입니다. 수영은 여러분이 물과 싸우지 않을 때 자연적으로 되는 것입니다.

그런 식으로 항복하는 것입니다. 완전히 비운 마음에 오는 것이지요. 여러분이 일생의 반려자를 만났을 때 여러분은 사랑을 하려고 노력하지는 않겠지요. 사랑에 항복하면 되는 것이기 때문에 여러분은 노력하지 않아도 됩니다.

예수님께서 여러분의 주인이 되셨을 때, 여러분이 온 마음으로 그분을 사랑할 때, 그분에게 항복하는 것은 어려운 일이 아닙니다. 성령님의 경우도 마찬가지입니다. 매일 여러분이 그분 앞에 여러분을 나타낼 때 그분은 여러분에게 다시 채워 주십니다. 여러분은 아침 햇살을 받는 꽃과 같이 생기 있게 될 것입니다. 그분은 계속 여러분에게 삶을 주시기에 꽃은 결코 시들지 않을 것입니다.

나는 어떻게 성령님에게 접근할 수 있는지 말할 수는 없지만, 내가 어떻게 했는지는 말할 수 있습니다. 셀 수 없을 만큼 여러 번 나는 방 안에서 문을 잠그고, 하늘을 향해 두 팔을 들어 올리고 찬미를 드렸습니다. 그분은 내가 당신을 사랑하고 있음을 알고 계셨습니다. 나 역시 그분이 나를 사랑하고 계심을 알고 있었습니다. 나는 그분을 맞이하려고 손을 벌리고 서서 기다렸습니다.

내가 그분의 사랑에 대하여 의문을 가지고 있었던 얼마 전만 해도 — 나는 그 일을 결코 잊을 수가 없습니다 — 나와 가족들과의 관계는 매우 심각한 상태였습니다. 어머니와 아버지는 거듭나지 않으셨기에 그분들을 대하는 것은 내게 상당한 고통이었습니다. 그러던 어느 날 저녁, 나는 내 방에서 위를 바라보며 탄식했습니다. 「예수님, 주님께서 저를 사랑하신다고 말씀하신 것을 잘 알지만, 저를 좀 더 기쁘게 해주시지 않겠습니까. 당신께서 저를 사랑하신다는 것을 음성으로 들려주십시오.」그리고 나는 잠자리에 들었습니다.

한밤중에 물 흐르는 소리 같은 음성에 나는 잠이 깨었습니다. 아주 굵고 무거운 음성이었다고 묘사할 수밖에 없습니다. 어디서 들려오는지는 모르겠지만 어떤 음성이 들려온 것입니다. 급류가 흘러가는 소리 위로 내가 전에 들었던 음성처럼 아주 분명한 목소리를 들었습니다. 〈너를 사랑하노라, 너를 사랑하노라〉 하는 예수님의 음성이셨습니다. 그 순간 방의 벽이 실제 흔들리는 듯했습니다. 주님의 임재가 너무나 뜻밖이었기에 나는 깜짝 놀랐습니다.

그 후에는 절대 그분의 사랑에 의문을 품지 않았습니다. 그분은 원할 때가 아닌 필요할 때 우리에게 그러한 경험들을 주십니다.

나는 방 안에 서서 아무 말도 하지 않은 적도 많습니다. 완전한 침묵만을 지켰지요. 여러분도 여러분이 사랑하는 사람과 같이 있을 때 한마디 말도 필요 없을 때가 있었을 것입니다. 두 사람 사이의 특별한 시간이 단 한 마디의 말로 분위기가 깨어지는 순간들이 있는데, 가끔은 침묵이 가장 훌륭한 언어인 것입니다.

나는 또 방 안에 서서 순간적으로 눈물을 흘릴 때도 많았습니다. 그분이 나에게 새로운 바람을 불어넣어 주시기 시작하는 것과 같이, 설명할 수 없는 따뜻함과 아름다움이 방 안에 차 있었습니다. 어떻게 일어났느냐고요? 내가 무엇을 했느냐고요? 나는 마음으로부터 우러나오는 항복과 같이 그분의 임재 속에 서 있었을 따름입니다. 완전한 침묵 속에서 교제는 결코 끝내고 싶지 않은 경배와 찬미로 계속됩니다.

여러분이 계속적으로 성령 하나님에 의해서 충만될 때 여러분의 기도 생활은 전혀 가능하리라고 생각지도 못한 차원이 될 것입니다. 여러분의 마음에 성령의 새로운 바람을 경험하

기 위하여 기도 중에 어떻게 하나님의 보좌로 접근할 수 있는
지 알아봅시다.

기도는 단계적으로

기도하는 것에는 일곱 가지 단계가 있습니다.

첫 번째 단계는 신앙 고백confession입니다. 하나님이 누구이
신지를 생각함으로써 시작합니다. 아브람은 〈하늘과 땅을 지
으신 가장 높으신 주 하나님께〉(창세기 14장 22절)라고 그분의
전능하신 능력을 선포함으로써 시작했습니다. 엘리야는 갈멜
산에서 기도할 때 〈아브라함과 이삭과 이스라엘을 돌보신 주
하나님〉(열왕기상 18장 36절)이라고 시작했습니다. 여러분도
불이 하늘에서 떨어지기를 원한다면 하나님이 누구이신지를
고백함으로써 시작하십시오.

두 번째 단계는 간구supplication입니다. 여러분의 간청을 주
님이 아시게 하십시오. 불행하게도 수많은 사람이 너무 많은
시간을 보내고 있는 단계이기도 합니다. 그들의 모든 기도 생
활이 요함과 원함과 갈망으로 집약되고 있는 듯합니다. 물론
여러분의 개인적 문제는 하나님께서 주목하실 가치가 있습니
다. 그러나 그것들을 다 아뢰었다고 해서 곧 〈아멘〉 할 때는 아
닙니다. 더 중요한 것이 남아 있습니다.

세 번째 단계는 내가 아주 좋아하는 찬미adoration입니다. 절
대적인 아름다움과 경배의 시간입니다. 그분을 사랑하고 찬미
하는 것입니다. 이렇게 시작할 수 있겠지요. 「예수님, 사랑합

니다.」 그 순간 여러분은 성령님의 임재하심을 느낄 것입니다. 그리고 두 시간쯤 후 시계를 들여다보고는 〈시간이 이렇게 빨리 가다니 믿을 수가 없어〉 할 것입니다. 너무나 실제적이며, 너무나 생생하기에 그렇습니다.

네 번째 단계는 친밀의 시간time of intimacy입니다. 그것은 표현하기에는 너무나 사랑스럽고 너무나 신성하며 너무나 아름답습니다. 나는 기도의 깊은 상태에 빠질 때 누군가가 앞에 서서 내 이마를 만지는 것처럼 느낄 때가 여러 번 있었습니다. 〈고맙다. 너와 함께 있는 것이 무척 기쁘구나〉라고 주님께서 내게 말씀하시는 것 같았습니다.

기억하십시오. 성령님은 결코 여러분에게 강제로 시키지 않으십니다. 그분은 여러분의 기도 생활에서 요구나 약속을 하는 위치에 계시지 않습니다. 그러나 여러분이 〈저의 기도를 도와주십시오〉 하면 그분은 즉각 도와주실 준비가 되어 계십니다.

나의 기도 생활에서 이 부분은 어느 때는 몇 시간이고 계속되기도 합니다. 그러나 친밀함의 단계는 여러분이 시작할 수 있는 위치에 있는 것이 아닙니다. 전 단계를 빨리 지났다고 해서 이 단계에 도달하는 것도 아닙니다.

다섯 번째 단계는 중보 기도intercession입니다. 예수님께서는 성령님께서 우리에게 여러 가지를 보여 주신다고 하셨습니다. 그것이 나에게도 일어났지요. 여러분이 성령님께 도와달라고 기도드릴 때 그분은 여러분이 바라는 이기적인 필요에 초점을 두지 않으십니다. 오히려 초점은 외부를 향하고 있습니다. 그분은 수년 동안 생각지 않았던 사람들의 이름과 얼굴들을 내 앞에 내어놓으십니다. 그러면 나는 그들을 위해 중보 기도를 합니다.

그러나 이 단계가 기쁨과 경배의 시간이라고 믿지 마십시오. 그와는 반대입니다. 처음에 내가 중보 기도를 하게 되면 우선 내가 그것을 원해서 기도하고 있는지 알 수 없습니다. 성령님의 교통하심도 떠나갔고 친밀함도 떠났습니다. 나는 말로 표현하기 어려운 고통과 고뇌를 느낍니다. 나의 가족과 친구, 그리고 사역자들을 위한 기도, 더 나아가 나라와 민족을 위한 기도까지 있는 힘을 다해 바치며 마룻바닥을 치기도 합니다.

여러분에게 경고를 하나 하지요. 손가락을 탁 하고 퉁기듯이 그렇게 쉽게 중보 기도로 들어가는 것은 불가능한 일입니다. 그것은 깊고 강한 개인적 관계가 요구되는 하나님과의 동업이기 때문에 즉각적으로 되는 것이 아닙니다. 성령님은 여러분의 기도 생활을 단계적으로 인도하십니다. 나에게는 첫째 날도, 둘째 날도, 셋째 날도 이 단계가 일어나지 않았습니다. 그러한 기도의 깊이로 들어가기까지는 적어도 6개월이나 걸렸습니다. 성경은 우리가 조그만 일에 믿음을 보이면, 하나님께서는 더 큰일을 우리에게 주신다고 하였습니다. 바로 그것이 그분이 하시는 일입니다. 그분은 완전한 아버지이시며, 완전한 스승이십니다.

여섯 번째 단계는 감사 thanksgiving 입니다. 바울은 〈우리 주 예수 그리스도를 통하여 우리에게 승리를 주시는 하나님께 우리는 감사를 드립니다〉(고린도전서 15장 57절)라고 말합니다. 나는 언제나 아버지 하나님께, 아들 예수님께, 그리고 성령님께 감사드리는 데 시간을 보냅니다.

마지막으로 일곱 번째 단계는 찬양praise입니다. 나는 어떤 때는 찬송을 하며, 어떤 때는 영의 언어로 말합니다. 이것은 나의 영혼 깊숙한 곳으로부터 폭발해 나오는 완전한 찬양이며, 이전에 경험해 보지 못했던 아주 순수한 형태의 기도입니다.

〈베니, 당신은 언제나 이 일곱 단계를 모두 거칩니까?〉 하고 여러분은 질문하겠지요. 그렇습니다. 그리고 여기에 성령님에 관한 놀라운 일이 있습니다. 만약 여러분이 기도 중에 여러분을 통해 그분께서 일하시게 한다면, 여러분 자신은 많은 기도를 하지 않아도 된다는 사실을 발견할 것입니다. 그분께서 모든 일을 다 하시기 때문입니다. 중보 기도 단계에서 고통을 느끼는 것과 같이, 성령님의 팔이 여러분을 들어 올리시며, 여러분의 기도가 끝나면 생기를 다시 채워 주십니다.

바울이 〈온갖 기도와 간구로 언제나 성령 안에서 기도하십시오〉(에베소서 6장 18절)라고 말한 것은 옳습니다. 그는 여러 종류의 기도가 있다는 것을 알고 있었습니다.

〈성령님이 여기 계십니다!〉

여러분의 기도 생활에 직접적인 결과를 가져오는 성령의 충만을 대체할 수 있는 것은 아무것도 없습니다. 그것은 여러분이 하는 모든 일에 영향을 주시는 능력입니다.

최근 나는 콜롬비아에 부흥 강사로 초청되어 갔습니다. 3일 간의 부흥 집회였는데 수요일인 둘째 날 저녁 집회 때 나는 성령님에 관해서 설교하고 있었습니다. 나는 설교의 중간쯤 그 예배 위에 운행하시는 성령님의 능력을 느낄 수 있었습니다. 나는 그분의 임재를 느꼈기 때문에 설교를 중단하고 〈그분이 여기 계십니다〉 하고 외쳤습니다. 단 위에 있는 사역자들이나 회중들도 같은 것을 느꼈습니다. 난데없는 돌풍이 불어와서 집회 장소 안을 돌고 있는 것 같았습니다. 사람들은 서 있는 채로 폭발적인 찬양을 드렸습니다. 그러나 그들은 오래 서 있지 못했습니다. 사람들은 성령님의 능력 아래 마루에 모두 쓰러지고 말았습니다. 그들은 성령 안에서 정신을 잃고 만 것입니다.

다음의 일들은 내가 전 세계에 걸친 모든 집회에서 반복적으로 보아 온 것입니다. 사람들은 그리스도를 개인적인 구세주로 영접하기 시작했고, 집회 장소 곳곳에서는 신유의 역사가 일어나고 있었습니다.

내가 성령님에 관해 이야기할 때마다 언제나 특별한 기름 부으심이 뒤따라 나타났습니다. 여러 가지 다른 형태이기는 하지만 믿기 어려울 정도로 하나님의 임재가 나타나는 것입니다. 날로 이적들은 더 많이 나타났으며, 전의 집회보다 더 많은 사람이 구원되었습니다. 사람들의 삶에 대한 하나님의 만지심이 더욱 뚜렷해졌습니다.

수많은 사람이 구원을 위하여 제단 앞으로 나옵니다. 주님께서 약속하신 것과 같이 성령님께서 사람들을 주님께 인도하시는 것입니다.

집회 후 사람들은 〈지금까지 참석해 본 집회 중에서 가장 큰 능력이 나타난 집회였다〉라고 말하기도 합니다. 성령님이 아주 환영받는 귀빈이 되셨기에 그 집회에 깊이 관여하신 것 같습니다.

거의 2천 명이 모인 부흥 집회의 아침 성경 공부 시간 후에 나의 통역자였던 콜린 목사가 내게 와서 흐느끼기 시작했습니다. 그는 얼굴에서 손을 떼더니 깊은 감동으로 〈형제님, 전 성령님에 대해 아주 조금밖에 몰랐습니다. 전 제가 유치원생인 것처럼 느껴집니다〉라고 말했지요. 그는 메시지의 사실성을 그대로 인정한 것입니다.

어떤 때에는 통역자가 나의 메시지 중간에 울음을 통제하지 못해 통역을 잇지 못할 때도 있었습니다. 그것이 바로 성령님의 능력이십니다. 집회 중에 일어났던 그러한 일들이 바로 여러분이 있는 곳에서도 일어날 수 있습니다. 그러기에 나는 여러분이 성령님께 완전히 항복하길 원하는 것입니다. 그러면 여러분은 바울이 말한 다음 구절을 이해하게 될 것입니다. 「성령의 충만함을 받으십시오. 시와 찬미와 신령한 노래로 서로 화답하며, 여러분의 가슴으로 주님께 노래하며, 찬송하십시오. 모든 일에 언제나 우리 주 예수 그리스도의 이름으로 하나님 아버지께 감사를 드리십시오. 여러분은 그리스도를 두려워

하는 마음으로 서로 순종하십시오.」(에베소서 5장 18~21절)

두 번째 바람

여러분은 천국의 순풍이 여러분의 항해에 채워질 수 있도록 준비하고 있습니까? 여러분이 죄를 고백하고 예수님을 주님과 구세주로서 따르기로 작정하면 구원은 시작됩니다. 그리스도께서도 구원에 관하여 말씀하실 때 바람에 대해 이야기하셨습니다. 예수님께서 유대인 관원 니고데모에게 말씀하시길, 〈너희가 다시 태어나야 한다고 내가 말한 것을, 너는 이상히 여기지 말아라. 바람은 불고 싶은 대로 분다. 너는 그 소리는 듣지만, 어디에서 와서 어디로 가는지는 모른다. 성령으로 태어난 사람은 다 이와 같다〉(요한복음 3장 7~8절)라고 하셨습니다.

구원을 바람으로 묘사하셨듯이 성령님을 두 번째 바람(바람의 힘)으로 묘사하셨습니다. 오순절 날 〈갑자기 하늘에서 세찬 바람이 부는 듯한 소리가 나더니, 그들이 앉아 있는 온 집 안을 가득 채웠다〉(사도행전 2장 2절)라고 하였습니다. 성령님의 바람은 세차고 강력합니다. 그것은 여러분의 삶을 조정하게 될 것입니다.

이제 여러분, 보트를 띄울 때가 되었습니다. 돛을 올리십시오. 성령님의 바람으로 계속 충만하게 될 것입니다.

강한 임재

강한 임재

이것이 어떻게 가능합니까? 나는 단지 내 삶을 주님께 드렸을 뿐입니다. 그리고 나는 크리스천으로서의 삶을 살아가기 위해 노력했을 뿐입니다.

나는 지금 내게 일어나는 일을 생각하면 믿어지지 않습니다. 1972년 2월 나의 〈거듭남〉 이후의 경험에서 나는 내 마음이 이미 씻기어졌다는 것을 알고 있었습니다. 그러나 내가 직면했던 난관을 극복하기는 어려웠습니다. 집에서는 계속 갈등이 있었고, 나의 장래는 결정되지 않은 상태였으며, 당시의 삶은 내가 보기에도 굴러떨어질 대로 떨어져 바닥을 뒹굴고 있었습니다.

어떻게 그러한 삶을 겪어 냈는지! 나의 모든 사랑을 주님께 바쳤을 당시에도 어려움은 있었습니다. 당면한 과제들이 너무 많았습니다. 그런데 2주일 후에 나는 성령의 충만을 받은 것입니다. 나는 그 순간부터 이 땅 위에서의 천국을 기대하게 되었습니다. 그러나 그런 일은 아직 일어나지 않았습니다. 오히려

고된 노력은 계속되고 있었습니다.

물론 큰 기쁨과 환희의 시간들이 있었음은 말할 나위도 없습니다. 그러한 나의 영적 체험은 사우디아라비아에 있는 원유 전부와도 바꾸고 싶지 않습니다. 그러나 날이 갈수록 마음 속 깊은 곳으로부터 솟아 나오는 질문이 있었습니다. 이것이 전부란 말인가? 나는 의심스러웠습니다. 질문은 떠나질 않았습니다. 주님께서 내게 무언가 더 주실 것이 없단 말인가?

그러고서 그리스도를 영접한 후 거의 2년이 지난, 12월 중순의 어느 추운 날에 무언가 다른 일이 내게 일어났습니다. 토론토의 내 방에 누워 있을 때 성령님께서 나타나신 것입니다. 마치 전기에 감전된 듯한 짜릿한 느낌과 함께 단번에 따뜻한 담요로 감싸인 느낌을 받았습니다.

그때 일어났던 일이 의미심장하다는 것을 알아차리기까지는 여러 날이 걸리지 않았습니다. 나의 고된 노력이 끝난 것입니다! 나는 크리스천으로서의 삶의 단순함을 성령님과의 개인적 교제에서 발견한 것입니다.

요즘 나의 마음은 여전히 편치 않습니다. 그러나 그것은 전혀 다른 이유 때문입니다. 하나님께서 크리스천들을 위해 마련하여 두신 것 중의 아주 작은 것조차도 받지 못한 수백만 명의 크리스천이 있기 때문에 나는 깊은 슬픔에 잠길 때가 있는 것입니다. 그들은 가장 좋은 부분을 모르고 있습니다. 그들은 삼위일체 중 제3위의 인격인 성령님을 발견하기 전까지는 그리스도와의 놀라운 동행이 실제로 가능한지를 결코 알지 못할 것입니다. 그분이 바로 고된 노력과 함께 우리를 돕는 분이십니다.

싸움은
이제 그만

여러분은 도움이 필요합니다

성령님이 내 삶 속에 들어오시는 순간, 나는 더 이상 적들과 싸우지 않았습니다. 적들은 아직 거기 있었지만, 싸움이나 걱정은 이제 사라져 버렸습니다. 에스겔 선지자를 통해서 수백 년 전 이스라엘 백성에게 예언하셨던 말씀과 똑같은 것들이 내게도 일어난 것입니다. 옛 이스라엘의 정치적으로 불안한 시대에 주님께서는 에스겔에게 말씀하셨습니다. 「너희에게 새로운 마음을 주고 너희 속에 새로운 영을 넣어 주며, 너희 몸에서 돌같이 굳은 마음을 없애고 살갖처럼 부드러운 마음을 주며, 너희 속에 내 영을 두어, 너희가 나의 모든 율례대로 행동하게 하겠다. 그러면 너희가 내 모든 규례를 지키고 실천할 것이다.」(에스겔 36장 26~27절)

오늘날에도 문제는 계속 남아 있습니다. 수백만의 사람이 아직 하나님의 전투 계획을 이해하지 못하기 때문에 날마다 전쟁에서 지고 있습니다. 그분의 전략은 간명합니다. 〈내 영을 너희 속에 두리라〉 하고 주님께서 말씀하셨습니다. 왜 그것이 주님의 주제일까요? 그분은 여러분의 마음속 깊은 곳으로부터 그분의 율례를 〈너희로 행하게〉 하시길 원하십니다. 주님은 주님의 율법을 지키기 쉽게 하고자 하십니다.

여러분은 하나님의 십계명이 지키기 힘들다는 것을 압니까? 혼자만 그렇다고 생각하지 마십시오. 모든 인간이 그것을 스스로 실천에 옮기기란 절대 불가능합니다. 그리고 하나님은 여러분이 그렇게 하기를 기대하시지도 않습니다. 여러분은 도움이 필요합니다. 누구에게 요청하겠습니까? 아버지 하나님은 하늘 보좌에 계시고, 아들 하나님도 하늘에 계십니다. 여러분은 이곳에 친구가 필요합니다. 이 땅 위에 계시는 삼위일체 중의 한 분, 그분이 바로 성령님이십니다. 그분이야말로 여러분이 기필코 알 필요가 있는 분이십니다.

하나님으로부터 가장 받기를 원하는 것이 무엇인지 설문조사를 해본다면 대답은 아마 〈하나님께서 평안을 주시기를 원한다〉일 것입니다. 주님께서 에스겔 선지자에게 약속하신 바가 그것입니다. 하나님께서 말씀하시길, 〈내가 이스라엘 족속에게 내 영을 부어 주었으니, 내가 그들을 다시는 외면하지 않겠다. 나 주 하나님의 말이다〉(에스겔 39장 29절).

성령님께서 여러분의 삶의 한 부분이 되시는 순간부터 하나님께서는 여러분이 가는 길을 돌보기 시작하실 것입니다. 그분의 얼굴은 여러분을 향하여 더욱 빛을 발하기 시작하실 것입니다. 아버지 하나님의 가장 큰 바람은 여러분이 성령님을 영접하고, 그분으로 충만되고, 그분과 친교를 가지는 것입니다. 그것으로 그분을 기쁘게 하는 것입니다.

사도행전을 읽어 내려가면, 여러분은 하나님께서 무엇을 계획하고 계셨는지 감지하게 될 것입니다. 사도들은 성령님과 놀라운 관계를 유지하고 있었으며, 그 증거가 매 페이지에 기록되어 있습니다. 더욱 놀라운 것은 사도행전에서 일어났던 일들이 오늘날까지 계속되고 있다는 사실입니다. 만약 성령님에 의한 이적과 표적들이 모두 기록된다면 도서관은 그 문서들로 넘쳐 날 것입니다.

마가의 다락방에서 일어났던 사건은 놀랄 만한 일이 아니었습니다. 예수님께서 하늘로 올라가시기 전, 제자들에게 예루살렘을 떠나지 말며, 아버지의 약속한 선물을 기다리라고 하셨습니다.「요한은 물로 세례를 주었으나, 너희는 여러 날이 되지 않아서 성령으로 세례를 받을 것이다.」(사도행전 1장 5절)

그리스도께서는 그것이 무엇이며, 어떻게 그들의 삶을 변하게 할지 알려 주기까지 하셨습니다.「성령이 너희에게 내리시면, 너희는 능력을 받고, 예루살렘과 온 유대와 사마리아에서, 그리고 마침내 땅끝까지 이르러 내 증인이 될 것이다.」(사도행전 1장 8절)

성령님의 임재

급하고 강한 바람
예수님께서 이 땅에 오셨던 것과 마찬가지로 성령님께서도 이 땅에 오셨습니다. 선지자들은 메시아를 예언한 것과 같이 성령님의 오심도 예언했습니다. 그리스도가 오시기 수백 년 전에 하나님께서는 요엘에게 이르셨던 것입니다.

그런 다음에, 내가 모든 사람에게 나의 영을 부어 주겠다. 너희의 아들딸은 예언을 하고, 노인들은 꿈을 꾸고, 젊은이들은 환상을 볼 것이다. 그때가 되면, 종들에게까지도 남녀를 가리지 않고 나의 영을 부어 주겠다.(요엘 2장 28~29절)

드디어 성령님께서 오셨습니다. 얼마나 강한 임재입니까! 천둥 속의 바람 소리같이, 불의 혀같이 오셨다고 했습니다. 이것은 하나님 능력의 시범적인 표현에 불과한 것일 뿐 그분의 임재하심은 장관이 아닐 수 없었습니다.

오순절이 되어서, 그들은 모두 한곳에 모여 있었다. 그때에 갑자기 하늘에서 세찬 바람이 부는 듯한 소리가 나더니, 그들이 앉아 있는 온 집 안을 가득 채웠다. 그리고 불길이 솟아오를 때 혓바닥처럼 갈라지는 것 같은 혀들이 그들에게 나타나더니, 각 사람 위에 내려앉았다. 그들은 모두 성령으로 충만하게 되어서, 성령이 시키시는 대로, 각각 방언으로 말하기 시작하였다.(사도행전 2장 1~4절)

그것은 이사야의 예언〈알아듣지 못할 말씨와 다른 나라 말로 이 백성을 가르치실 것이다〉(이사야 28장 11절)와 정확히 같습니다.

예수님께서 탄생하셨을 때는 평화와 고요가 감싸고 있었습니다. 아름다운 베들레헴의 밤이었습니다. 아주 맑은 날씨라 목자들은 별을 따라 마구간을 찾아갈 수가 있었습니다. 성령님이 오실 때의 요란함과는 아주 대조적이었습니다. 〈이런 말소리가 나니, 많은 사람이 모여와서〉(사도행전 2장 6절)라고 기록할 정도로 예루살렘이 소란스럽게 된 것입니다.

나는 〈예루살렘을 소란스럽게 할 때〉라는 구절이 아마 누군가가 거리를 뛰어다니며 〈무슨 일이 일어났어, 와서 좀 봐요!〉하고 외쳐 댄 것을 뜻하는 것이라고 생각하곤 했습니다. 그러나 사실은 그것이 아니었습니다. 정말 당시 일어났던 소동은 온 시내를 다 들썩거리게 했던 것입니다. 또 성경에 〈예루살렘에는 경건한 유대 사람이 세계 각국에서 와서 살고 있었다〉(사도행전 2장 5절)라고 하였습니다. 그들이 어떻게 생각했을지 상상이나 하겠습니까?

성경은 그들이 이 소리를 듣고 당황하여 놀랐다고 했습니다.「각각 자기네 지방 말로 제자들이 말하는 것을 듣고서, 어리둥절하였다.」(사도행전 2장 6절)

〈보시오, 말하고 있는 이 사람들은 모두 갈릴리 사람이 아니오? 그런데 우리 모두가 저마다 태어난 지방의 말로 듣고 있으니, 어찌 된 일이오?〉(사도행전 2장 7~8절)라고 물을 정도로 그들은 깜짝 놀랐습니다. 그들이 자기 나라 말로 하나님의 기적이 선포된 것을 들었을 때 그들은 서로 묻게 되었습니다. 「이게 도대체 어찌 된 일이오?」(사도행전 2장 12절)

왜 120문도였을까요?

성령님의 천둥소리와 같은 오심은 돌로 지어진 성전이 아니라 새로운 하나님의 성전이 된 120명의 제자들 위에 임하셨습니다.

솔로몬이 성전을 완성하였을 때 〈나팔 부는 제사장 백이십명도〉(역대하 5장 12절) 준비되었던 것을 기억합니까? 〈주님의 성전에는 구름이 가득 찼다. 주님의 영광이 하나님의 성전을 가득 채워서, 구름이 자욱하였으므로, 제사장들은 서서 일을 볼 수가 없었다〉(역대하 5장 13~14절)라고 성경에 기록되어 있습니다.

이 영광이 다락방에서 다시 한번 일어난 것입니다. 120문도가 모였고, 성령 하나님께서는 성전을 채우셨습니다. 왜 120일까요? 이것은 육신의 나이를 마감하는 숫자이며 성령 시대의 시작을 뜻하는 숫자입니다. 창세기에서 노아가 방주를 지을 때 육체의 나이를 120세로 마감하였습니다. 하나님께서 말씀하시길, 〈생명을 주는 나의 영이 사람 속에 영원히 머물지는 않을 것이다. 사람은 살과 피를 지닌 육체요, 그들의 날은 120년이다〉(창세기 6장 3절)라고 하셨습니다.

이러한 목적으로 주님은 오순절 날 120문도를 정확하게 모으셨습니다. 그렇게 해서 성령 하나님께서는 모든 나라 위에 임하실 수 있었던 것입니다. 드디어 성령의 시대가 도래한 것입니다.

주위 사람들은 무슨 일이 일어났는지 이해할 수가 없었습니다. 어떤 사람들은 조롱하여 말하길, 〈그들이 새 술에 취하였다〉(사도행전 2장 13절) 하였습니다. 그러나 베드로는 열한 사도와 함께 일어나서 소리를 높여 말하였습니다. 〈유대 사람들과 모든 예루살렘 주민 여러분, 이것을 아시기 바랍니다. 내 말에 귀를 기울이십시오. 지금은 아침 9시입니다. 그러니 이 사람들은, 여러분이 생각하듯이 술에 취한 것이 아닙니다. 이 일은 하나님께서 예언자 요엘을 시켜서 말씀하신 대로 된 것입니다〉(사도행전 2장 14~16절)라고 하였습니다.

120문도들은 성령에 충만되어 있어 자신의 힘으로 서 있을 수가 없었습니다. 성령님은 너무나 강하셔서 믿는 자들의 행동을 조정하고 계셨습니다. 성령님은 그들의 말과 감정과 행동을 변하게 만드셨습니다. 성령님께서 조정하실 때 오는 믿을 수 없는 기쁨을 예루살렘은 증거하고 있습니다. 나 역시 그와 같은 몇 가지 일을 증거할 수 있습니다.

겁 많은 베드로의 변화는 어떻습니까! 두려워 황급히 주님을 부인했던 그가 성령받은 전도자로 변신했을 때는 많은 군중 앞에서 담대하게 말할 수 있게 되었습니다. 그러면 누가 그에게 말씀을 주었다고 생각합니까? 매혹적인 메시지는 성령님의 것이었습니다. 「우리는 여러분에게 복음을 말로만 전한 것이 아니라, 능력과 성령과 큰 확신으로 전하였습니다.」(데살로니가전서 1장 5절) 그렇습니다. 복음은 성령님에 의해서 전파됩니다. 기억하십시오. 말씀은 성령님께서 〈그들과 함께 일하신다〉라고 기록하고 있습니다. 그분이 바로 일하시는 분입니다.

자, 사도행전에서 갑자기 어떤 일들이 일어나기 시작했는지를 볼까요. 성령님께서는 당신을 영접하는 자에게 엄청난 권능을 주십니다. 어느 날 오후 3시에 베드로와 요한이 성전으로 올라가고 있을 때 이런 일이 있었습니다. 「나면서부터 못 걷는 사람을 사람들이 떠메고 왔다. 그들은 성전으로 들어가는 사람들에게 구걸하게 하려고, 이 못 걷는 사람을 날마다 〈아름다운 문〉이라는 성전 문 곁에 앉혀 놓았다.」(사도행전 3장 2절)

남루한 걸인에게 돌아서며 베드로가 요한으로 더불어 주목하여 말했습니다. 「우리를 보시오!」(사도행전 3장 4절) 성령님께 완전히 바쳐진 사람을 보는 것은 놀라운 일입니다. 전에는 그런 일을 알지 못했지만 그의 눈을 통하여 이 가난한 자의 영혼 속을 깊이 들여다보는 베드로는 담대함과 능력으로 가득 채워져 있었습니다.

걸인은 베드로와 요한의 언행이 장난이 아님을 알았습니다. 신성한 담대함이 사도들에게 있었기 때문입니다. 〈우리를 보시오〉라고 베드로가 말하자 걸인은 즉시 〈무엇을 얻으려니 하고〉(사도행전 3장 5절) 두 사람을 바라보았습니다.

베드로가 〈은과 금은 내게 없으나 내게 있는 것을 그대에게 주니, 나사렛 예수 그리스도의 이름으로 (일어나) 걸으시오〉(사도행전 3장 6절) 하였습니다. 베드로가 그를 오른손으로 잡아 일으켜 설 수 있도록 도와주자 그 사람의 발과 발목에 강한 힘이 생겼습니다. 그래서 〈그는 걷기도 하고 뛰기도 하며 하나님을 찬양〉(사도행전 3장 8절)하였습니다.

여러분 성전 안의 놀라움을 상상하겠지요? 걸인은 그 자신을 강하게 나타냈습니다. 성전 안에 있었던 사람들은 즉시 구걸하던 사람을 알아보고 〈그에게 일어난 일로 몹시〉(사도행전 3장 10절) 놀랐습니다.

〈어제〉의 경험이 아닙니다

사도들이 받은 능력과 권세는 여기저기서 생명을 일으키기 시작했습니다. 그들의 사역은 사람들 가운데 많은 표적과 기사가 따랐습니다(사도행전 5장 12절). 결과는 무엇이었습니까? 「믿는 사람들이 더욱 늘어나면서, 주님께로 나아오니, 남녀 신도들이 큰 무리를 이루게 되었다.」(사도행전 5장 14절) 성령님으로부터 나오는 표적은 사람들을 그리스도에게로 인도합니다. 이것은 기억해야 할 중요한 사실입니다.

다락방에서 일어났던 일은 단 한 번의 경험이나 역사의 한 페이지로 끝나지 않았습니다. 성령으로 충만된 자들은 성령님과 계속되는 관계를 유지하였습니다. 걸인을 치유한 것 때문에 산헤드린 관원 앞에 베드로가 붙잡혀 왔을 때, 〈무슨 권세와 누구의 이름으로 이런 일을 하였소〉라는 질문에 그의 대답은 〈성령이 충만〉하였습니다(사도행전 4장 7~8절). 이때 시제는 과거가 아니라 현재입니다. 〈충만함〉은 베드로의 당시 상태를 묘사하고 있습니다.

계속해서 성경은 그리스도의 제자들이 〈성령으로 충만〉된 모습을 생생히 묘사하고 있습니다. 어제나 지난달에 일어났던 과거의 것이 아니라 새로 채워진 현재의 상태를 말하고 있습니다.

베드로는 성령이 충만하여 그의 비판자들을 장악하고 있었습니다. 그는 겁내지 않고 말했습니다. 「백성의 지도자들과 장로 여러분, 우리가 오늘 신문을 받는 것이, 병자에게 행한 착한 일과 또 그가 누구의 힘으로 낫게 되었느냐 하는 문제 때문이라면, 여러분 모두와 모든 이스라엘 백성은 이것을 알아야 합니다. 이 사람이 성한 몸으로 여러분 앞에 서게 된 것은, 여러분이 십자가에 못 박아 죽였으나 하나님이 죽은 사람들 가운데서 살리신 나사렛 예수 그리스도의 이름을 힘입어서 된 것입니다.」(사도행전 4장 8~10절)

성령님의 능력이 여러분에게 채워지면 어느 누구도 절대로 두려워하지 않게 됩니다. 성령님과의 교통이 유지되면 심지어 한 국가의 지도자에게 말할지라도 두려움이 생기지 않습니다. 성령님은 여러분의 머리를 바로 들게 하시고 어깨를 펴게 하시며, 기대치 못한 자신감을 여러분에게 불어넣어 주십니다.

내가 로마 바티칸으로 교황을 만나러 갔을 때 나는 약간 떨리리라고 생각했습니다. 그러나 나에게 그런 일은 없었습니다. 나는 바티칸 지도자 중에는 성령님에 관하여 알기를 원하는 사람도 있다는 것을 감지했습니다.

강하고 담대한 베드로

베드로는 성전의 제사장 그 이상을 상대하고 있었습니다. 그는 사실상 이스라엘 정부를 상대하고 있었던 것입니다. 제사장들 앞에서 증언하기 전날 밤, 베드로와 요한은 감옥에 갇혀 있었습니다. 그러나 베드로에게 말씀이 주어졌습니다. 그는 제사장들에게 주님은 〈너희들 집 짓는 사람들에게는 버림받은 돌이지만, 집 모퉁이의 머릿돌이 되신 분〉(사도행전 4장 11절)이라고 말했습니다. 이것은 시편 118편 22절을 직접 인용한 것이었습니다.

이 사람이 바로 몇 주 전 같은 장소에서, 같은 사람들 앞에서, 한 여종의 빈정댐으로 겁먹고, 주님을 부인하던 그 베드로가 아니었습니까? 자, 이제 그는 성령에 충만되어 아무런 두려움 없이, 예수님을 죽인 자들에게 담대한 말로 도전하고 있는 것입니다.

그는 더 이상 용기 없는 베드로가 아니라, 강하고 담대한 베드로로 변했습니다. 성령님께서 역사하신 얼마나 놀라운 변화입니까!

이와 같은 성령님과의 위대한 교제로 인해 베드로는 아나니아를 책망하기도 했습니다. 「아나니아는 들으시오. 어찌하여 그대의 마음이 사탄에게 홀려서, 그대가 성령을 속이고 땅값의 얼마를 몰래 떼어놓았소?」(사도행전 5장 3절) 베드로의 말과 하나님의 심판은 너무나 강력한 것이었습니다. 「이 소문을 듣는 사람은 모두 크게 두려워하였다.」(사도행전 5장 5절)

우리에게 향하신
그분의 친근함

성령님의 말씀

성령님과의 친교는 너무나 사실적이며, 매우 깊습니다. 또한 여러분의 말과 행동에 나타나는 그분의 역사하심이 굉장하시다는 것을 나의 경험을 통해 이야기할 수가 있습니다. 예를 들어 성령님이 여러분의 마음속에서 움직이고 계심을 알기에 여러분은 그분을 대신해서 담대히 말할 수가 있는 것입니다. 여러분은 그분과 가깝기에, 여러분이 한 말에 대한 그분의 반응을 실제로 느낄 수가 있습니다.

하나님의 선남선녀들이 성령님과 아주 가까워져 신유나 이적보다 훨씬 더한 것을 입증할 날이 다가오고 있다고 나는 믿습니다. 또한 그분을 대항하는 자들을 뿔뿔이 흩어 버리실 성령님을 우리는 증거할 것입니다.

결코 아나니아를 잊지 마십시오. 그는 〈그 자리에서 쓰러져서〉(사도행전 5장 5절) 숨졌습니다. 그리고 게하시를 잊지 마십시오. 그는 나아만 장군이 자신에게 건네준 선물에 대해 엘리사에게 거짓말을 하였습니다. 나아만은 치유되었고, 성령님은 엘리사를 통해 게하시에게 말씀하셨습니다. 「나아만의 나병이 네게로 옮아갈 것이고, 네 자손도 영원히 그 병을 앓을 것이다.」(열왕기하 5장 27절) 이 말씀은 그대로 이루어졌습니다.

예수님께서는 제자들에게 매우 강력히 말씀하셨습니다.

「너희에게 평화가 있기를 빈다. 아버지께서 나를 보내신 것 같이, 나도 너희를 보낸다. 성령을 받아라. 너희가 누구의 죄든지 용서해 주면, 그 죄가 용서될 것이요, 용서해 주지 않으면, 그대로 남아 있을 것이다.」(요한복음 20장 21~23절) 이 구절은 냉정하게 받아들여야 합니다. 결코 사도들이 가볍게 다룬 말씀이 아닙니다.

천사의 얼굴

베드로는 성령님과 아주 가까웠기에 고발자들에게 〈우리는 이 모든 일에 증인이며 하나님께서 자기에게 복종하는 사람들에게 주신 성령도 그러하십니다〉(사도행전 5장 32절)라고 말하였습니다.

성령님께서 스데반을 너무나 사로잡고 있었기에 그가 제사장들 앞에 붙들려 왔을 때 〈공의회에 앉아 있는 사람들이 모두 스데반을 주목하여 보니 그 얼굴이 천사의 얼굴과 같〉(사도행전 6장 15절)았습니다. 그러나, 그는 이렇게 말했습니다. 「목이 곧고 마음과 귀에 할례를 받지 못한 사람들이여, 당신들은 언제나 성령을 거역하고 있습니다. 당신네 조상들이 한 그대로 당신들도 하고 있습니다.」(사도행전 7장 51절) 왜 그렇게 말했을까요? 그를 그토록 담대하게 만든 원동력이 있었기 때문입니다. 〈성령이 충만하여 하늘을 쳐다보니 하나님의 영광이 보이고 예수께서 하나님의 오른쪽에 서 계신 것〉(사도행전 7장 55절)을 볼 수 있었습니다.

성령님의 임재는 스데반의 삶에 강력하게 나타났기에 그는 하늘을 우러러 하나님의 영광을 볼 수 있었습니다. 그는 돌에 맞을 때 성령님의 감정과 일치하여 〈주님, 이 죄를 저 사람들에게 돌리지 마십시오〉(사도행전 7장 60절)라고 말했습니다. 그와 같은 반응을 상상이나 하겠습니까? 그는 하나님께 〈저들을 심판하소서, 저들을 죽여 주소서〉 하고 말하지 않았습니다. 성령님께서 그토록 변하게 만드신 것입니다.

성령님과의 관계 속에서 그분의 임재가 여러분에게 가까워지면 여러분도 하늘을 우러러 하나님의 환상을 볼 수 있음을 강조하고 싶습니다. 그것은 그분이 얼마나 실제적으로 느껴지느냐에 달려 있습니다.

사울은 성령님의 놀라운 능력과 위엄을 직접 경험했습니다. 그는 그리스도를 좇는 자를 잡아 오기 위해 다마스쿠스로 가는 도중이었습니다. 「갑자기 하늘에서 환한 빛이 그를 둘러 비추었다. 그는 땅에 엎어졌다. 그리고 그는 〈사울아, 사울아, 네가 왜 나를 핍박하느냐?〉 하는 음성을 들었다.」(사도행전 9장 3~4절)

그는 깜짝 놀라 무서워 떨며 〈주님, 누구십니까〉 하고 물었습니다. 〈나는 네가 핍박하는 예수다. 일어나서, 성 안으로 들어가거라. 네가 해야 할 일을 일러 줄 사람이 있을 것이다〉(사도행전 9장 5~6절) 하고 주님께서 대답하셨습니다. 사울과 동행하던 사람들은 정신을 잃어 말도 못 하고 서 있었습니다. 하나님께서는 사울에게 3일 동안 앞을 보지 못하는 경험을 주셨으나 곧 다시 볼 수 있게 고치셨으며 〈성령으로 충만하게〉(사도행전 9장 17절) 하셨습니다.

다시 한번 성령님은 강하게 임재하셨던 것입니다. 적대자 사울을 사도 바울로 변화시키셨습니다. 실제로 그 효과는 이스라엘 전역으로 퍼져 갔습니다.「교회는 유대와 갈릴리와 사마리아 온 지역에 걸쳐서 평화를 누리면서 튼튼히 서 갔고, 주님을 두려워하는 마음과 성령의 위로로 정진해서, 그 수가 점점 늘어갔다.」(사도행전 9장 31절)

만약 이 땅 위의 모든 사역자들이 엎드려 성령님과의 개인적인 관계를 구한다면 어떤 일이 일어날 것인가를 상상할 수 있을 것 같습니다. 모두가 신앙 부흥에 관해 이야기할 것입니다! 나는 모든 교회가 크게 개혁되어 교회마다 사람들을 수용하기가 벅차게 될 것이라고 믿습니다.

성령 안에서 〈살아 있는〉 목회자가 있음을 하나님께 감사드립니다. 그러나 어떤 사역자들은 솔직히 말해, 장의사로 옷을 바꾸어 입는 것이 나을 것입니다. 성령님과의 계속적인 교통은 뭔가 우리를 다르게 만듭니다. 사람들은 성령님만이 가능케 하실 진리를 갈망하고 있습니다.

그분은 쉬지 않고 일하십니다

오순절 날로부터 오늘까지 성령님은 이 땅 위에서 그분의 일을 하고 계시며, 결코 중단한 적이 없으십니다. 그분은 믿을 수 없을 만큼 베드로의 삶에 끼어드셨습니다. 그가 지붕 위에서 기도할 때 하나님께서 그에게 환상을 보여 주셨습니다. 「보아라, 세 사람이 너를 찾고 있다. 일어나서 내려가거라. 그들은 내가 보낸 사람들이니, 의심하지 말고 함께 가거라.」(사도행전 10장 19~20절)

성령님께서 말씀하신 사람은 이탈리아 부대의 백부장인 고넬료라 불리는, 하나님을 경외하는 자에 의해서 보내졌습니다. 고넬료 또한 환상을 보았습니다. 「천사가 자기에게로 들어와서, 〈고넬료야!〉 하고 말을 하는 것이었다. (……) 〈이제, 욥바로 사람을 보내어, 베드로라고도 하는 시몬이라는 사람을 데려오너라.〉」(사도행전 10장 3절, 5절) 그러나 그것은 하나님의 사자가 한 말이 아니었습니다. 성령님께서 사자를 통해서 이야기하셨습니다. 기억합니까? 「성령께서 말씀하셨다. (……) 그들은 내가 보낸 사람들이니.」(사도행전 10장 19~20절)

성령님은 활동적인 분이십니다. 그분은 결코 일을 멈추지 않으십니다. 그분은 그분에게 필요하시다면 천사라도 보내실 것입니다. 이 땅 위에서 성령님의 하시는 일은 무엇이었습니까? 그분은 아버지 하나님과 아들을 대표하고 계십니다.

고넬료의 집에서 베드로는 그리스도의 돌아가심과 장사 지냄과 부활하심에 대해 전파하였습니다. 「베드로가 이런 말을 하고 있을 때에, 그 말을 듣는 모든 사람에게 성령이 내리셨다. 할례를 받은 사람들 가운데서 믿게 된 사람으로서 베드로와 함께 온 사람들은, 이방 사람들에게도 성령을 선물로 부어 주신 사실에 놀랐다. 그들은, 이방 사람들이 방언으로 말하는 것과 하나님을 높이 찬양하는 것을 들었기 때문이다. 그때에 베드로가 말하였다.」(사도행전 10장 44~46절) 절대로 말씀이 먼저 온다는 것을 잊지 마십시오. 그리스도의 메시지는 아주 탁월합니다. 복음은 성령 하나님께서 보내심을 받아 하신 모든 일들의 기초입니다.

성령님은 여러분의 삶, 여러분의 장래에까지 관여하십니다. 그분은 여러분을 인도하시고, 보호하시고, 무엇이 앞에 놓여 있는지를 경고하십니다. 〈성령님께서는 앞으로 올 일에 대해서도 예언하십니까?〉라는 의문이 있다면 바나바가 큰 도시 안디옥으로 보내졌을 때 무슨 일이 일어났는지를 기억하십시오. 당시 그곳에는 50만 명 이상이 살고 있었습니다. 바나바와 사울은 성장해 가는 큰 교회에서 1년간 수많은 사람을 가르치고 있었습니다.

그 무렵에 예언자 몇이 예루살렘에서 안디옥에 내려왔다. 그 가운데 아가보라는 사람이 성령의 감동을 받아서, 일어나, 온 세계에 큰 기근이 들 것이라고 예언하였다. 바로 그 기근이 글라우디오 황제 때에 들었다. 그래서 제자들은 각각 자기 형편에 따라 몫을 정하여, 유대에 사는 신도들에게 구제금을 보내기로 결정하였다.(사도행전 11장 27~29절)

이것은 성령님께서 그들의 일상생활에 밀접하게 관여하신 한 예입니다. 그분은 가뭄이 들 것을 내다보시고 흉년이 실제

왔을 때를 대비해 준비시키셨습니다. 성령님은 인격체이십니다. 그분은 사람들에게 깊이 관여하십니다. 그분은 여러분의 삶에 일어날 일들에 큰 관심을 가지고 계십니다.

성령님과 마법사

여러분은 이제 매사에 성령님의 명령에 순종할 때가 되지 않았습니까? 그분은 여러분의 가는 길 앞에 놓여 있는 모든 위험한 커브 길과 푹 패인 구덩이를 알고 계십니다. 그런데 여러분은 왜 스스로 계획하며 시도합니까? 안디옥에 있는 크리스천들은 이미 그것을 배운 것입니다. 「그들이 주님께 예배하며 금식하고 있을 때에, 성령이 그들에게 말씀하셨다. 〈너희는 나를 위해서 바나바와 사울을 따로 세워라. 내가 그들에게 맡기려 하는 일이 있다.〉」(사도행전 13장 2절) 그들은 즉시 실천했습니다. 「바나바와 사울은, 성령이 가라고 보내시므로, 실루기아로 내려가서, 거기에서 배를 타고 키프로스로 건너갔다.」(사도행전 13장 4절)

제자들은 아버지 하나님의 일을 하였습니다. 그러나 누가 그들을 보냈습니까? 그들은 성령님께로부터 직접 지시를 받았습니다. 그리고 그들이 여행하는 동안 성령님은 쉬지 않고 계속 일하셨습니다. 그분은 그들에게 거짓 선지자에게 대항하는 제어 능력까지 주셨습니다.

엘루마는 유대인 마법사였으며 요술쟁이였습니다. 그는 키프로스에서 하나님의 능력이 하시는 일을 중지시키려고 애썼습니다. 그러나 역부족이었습니다. 「그래서 바울이라고도 하는 사울이 성령으로 충만하여 마술사를 노려보고 말하였다. 〈너, 속임수와 악행으로 가득 찬 악마의 자식아, 모든 정의의 원수야, 너는 주님의 바른 길을 굽게 하는 짓을 그치지 못하겠느냐?〉」(사도행전 13장 9~10절)

얼마나 신랄한 지적입니까? 바울과 함께한 성령은 그만큼 강했으니 그는 마법사에게 소경이 되라고 말했습니다. 그 말대로 마법사는 소경이 되고 말았습니다. 또한 그러한 이유로 사람들이 그리스도에게로 향하기 시작했습니다. 〈주님의 말씀이 그 온 지방에 퍼져〉(사도행전 13장 49절) 나갔고, 〈제자들은 기쁨과 성령으로 가득 차〉(사도행전 13장 52절) 있었습니다.

〈성령님께 모든 결정을 의뢰할까요? 하지만 하나님께서 저에게 의지를 주지 않으셨던가요?〉 하고 여러분은 질문하겠지요. 그러나 여러분에게 의미 있는 것은 성령님께 또한 의미가 있는 것이 됩니다. 예루살렘 공의회는 다음과 같이 편지를 썼습니다. 「성령과 우리는 꼭 필요한 다음 몇 가지 밖에는 더 이상 아무 무거운 짐도 여러분에게 지우지 않기로 하였습니다.」 (사도행전 15장 28절) 옳은 일이면 성령님께서 확인하실 것이고, 그러면 여러분은 나아갈 방향에 대해 안심하게 될 것입니다.

메시지와 메신저

만약 성령님이 그리스도에게 필요한 분이셨다면, 그분은 어느 순간이나 여러분에게도 중요한 분이 되십니다. 예수님은 성령님에 의해서 태어나셨고, 성령님에 의해서 기름 부으심을 받으셨으며, 성령님에 의해서 귀신들을 내쫓으셨고, 성령님에 의해서 이적을 행하셨습니다. 그리고 성령님에 의해서 예수님은 가르치셨고, 지시하셨고, 능력을 주셨고, 교회를 관할하셨으며, 자신을 십자가에 내어 주셨고, 마침내 부활하셨습니다. 「하물며 영원한 성령을 힘입어 자기 몸을 흠 없는 제물로 삼아 하나님께 바치신 그리스도의 피야말로, 더욱더 우리들의 양심을 깨끗하게 해서, 우리로 하여금 죽은 행실에서 떠나서 살아계신 하나님을 섬기게 하지 않겠습니까?」(히브리서 9장 14절) 이 땅 위의 그리스도 역사를 감당하시는 아주 중요하신 분, 바로 성령님이 여러분에게도 필요합니다. 그분은 없어도 좋을 그러한 분이 아니십니다.

　여러분의 구원의 경험은 그리스도와 십자가와 여러분의 고백에 근거를 두고 있습니다. 그러나 여러분은 중생의 진실을 어떻게 받아들였습니까? 여러분의 마음이 깨끗이 씻어졌다는 것을 어떻게 압니까? 형제 여러분, 그것이 바로 성령님의 일입니다. 여러분의 영혼 깊숙한 곳에 메시지를 전하시는 분이 주님의 성령이십니다. 여러분은 그것을 설명하거나 묘사하거나 적당한 말로 담는 것은 쉽지 않지만, 그것이 여러분 삶 자체만큼이나 생생하다는 점은 알 것입니다.

　만약 그 사실성이 그렇게 강하고, 그렇게 깊고, 그렇게 개인적이라면 그것을 주시는 분은 얼마나 실제적이십니까?

이것은 대단히 중요한 질문입니다. 메시지가 그렇게 실제적이라면 메신저 역시 실제적이어야만 되지 않겠습니까?

성령님은 여러분과의 친교가 매일매일 지속되기를 원하고 계십니다. 그분은 여러분의 삶 속에 들어가시기를, 즉 강한 임재를 원하십니다.

9

성령님을 위한
자리

오랜 세월 동안 사람들은 성령님이 물이나 불 같은 〈물질〉이시라고 배워 왔습니다. 수천의 목소리가, 수만의 인쇄물이 크리스천들을 그렇게 믿도록 유도해 왔던 것입니다. 성령님을 어떤 분이시라기보다는 어떤 것으로 생각하도록 주입되어 왔습니다.

최근에 나는 〈나에게 더 많이 내려 주소서〉 하는 합창을 들었습니다. 나는 〈성경적이지 않은데!〉 하고 생각했습니다. 그분은 나누어지지 않으십니다. 그분은 인격이십니다. 여러분은 그분을 여러 부분으로 쪼갤 수가 없습니다. 이번 주에는 한 팔을, 다음 주에는 한 다리를 나누어 가질 수 있는 것이 아닙니다. 〈나에게 더 많이 내려 주소서〉라고 기도하면 안 됩니다. 그와 정반대입니다. 여러분은 성령님께 울부짖어야 합니다. 〈제발 더욱더 나를 맞아 주소서〉라고 말입니다. 그분이 여러분에게 항복하시는 것이 아닙니다. 절대로! 여러분이 그분께 항복하여야 합니다.

의심할 것도 없이 오늘날 교회에서 전해야 할 가장 중요한 메시지는 성령님은 실제로 계시며 우리는 그분을 위한 자리를 마련해야 한다는 것입니다.

그분을 위한 자리

수천 수만의 복음을 전하는 사역자들은 성령님께서 이 지구상에서 하시는 일을 이해하지 못하고 있었습니다. 슬픈 이야기가 아닙니까? 그들도 역시 잘못된 교육을 받았을까 두렵습니다. 우리는 교회 학교에서 신학교에 이르기까지 오순절에 오셨던 성령님이 삼위일체 하나님 중에서 제일 낮은 위치에 계시며, 오순절 이래 구름과 같이 떠돌고 계신다고 배워 왔습니다. 많은 사역자는 자신이 성령 운동가charismatic의 한 사람으로 여겨질까 하여 성령님의 이름을 말하는 것을 꺼려 왔습니다.

하나님은 교회들이 살아 움직이기를 원하십니다. 예수님께서는 하늘로 올라가시기 직전 잊을 수 없는 말씀을 하셨습니다. 「믿는 사람들에게는 이런 표징들이 따를 터인데.」(마가복음 16장 17절) 한 사역자로서 내가 가지고 있는 수수께끼 같은 질문이 하나 있다면 이것입니다. 크리스천들이 승리의 생활을 할 수 있도록 능력을 주시기 위해 성령님이 보내심을 받으셨다면, 왜 크리스천들은 그렇게 많은 좌절과 패배를 겪고 있는 것일까 하는 것입니다.

전도사였을 당시 나는 교회에서 집회를 인도하거나 기도를 하고 집으로 돌아가곤 했습니다. 그때 나는 그 사람들의 일상

생활을 무엇이 지배하고 있는지 정말 몰랐습니다. 그러나 지금 한 목회자로서 나의 시각은 완전히 바뀌었습니다. 내가 보고 있는 것에 대해 혼란이 일어날 정도입니다.

나는 내가 상상했던 것보다 훨씬 많은 사람이 커다란 문제들을 갖고 있음을 알게 되었습니다. 너무나 많은 신자가 거의 생각할 수도 없는 영적인 파산에 직면하여 용기를 잃고, 낙담하고 있음을 알았습니다. 다시 말하면 조그만 문제들이 사람들의 삶 속에 파고들어, 갑자기 골리앗이나 에베레스트산같이 커다랗게 나타나는 것입니다.

〈아버지 하나님, 어느 곳에 승리가 있습니까? 어느 곳에 기쁨이 있습니까?〉하고 나는 기도하곤 했습니다.

바로 지난주에 우리 교회 회중들은 주일 저녁 집회에서 성령님의 강한 임재를 경험했습니다. 나는 예배를 인도하고 있었는데 특별한 기름 부으심의 순간을 감지하였습니다. 집으로 돌아가던 중 나는 〈할렐루야!〉를 외쳐 댔습니다. 그리고 아내 수전에게 〈얼마나 대단한 예배였소! 하나님께서 이곳에서 하시는 일이 놀랍지 않소?〉라고 말했습니다. 내가 막 집 안으로 들어갔을 때 전화벨이 울렸습니다. 그리고 30분간, 그 예배에 참석했던 한 남자의 애끓는 이야기를 들었습니다. 그는 울면서 내게 이야기했습니다. 「저는 어디로 가야 할지 모르겠습니다.」

이러한 일은 계속해서 일어날 것입니다.

누가 능력을 가지고 있습니까?

무엇이 잘못된 것일까요? 초대 교회들은 그렇게 강한 능력을 가졌는데, 왜 우리는 조금밖에 가지지 않았을까요? 그들은 귀신을 단 한 마디로 내쫓을 수 있었는데, 우리는 그저 두려워하며 놀라고만 있는 걸까요? 귀신 이야기만 나와도 우리는 십리 밖으로 줄행랑을 칩니다. 많은 목사가 귀신에 대해 이야기하기조차 꺼립니다.

그것은 이해하기 어렵습니다. 사람들에게 그들이 자유롭게 될 수 있다고 설교하는 대신, 많은 목사는 침묵을 지켜 많은 이를 굴레에 묶어 두고 있습니다. 〈귀신을 쫓아내며〉(마가복음 16장 17절)라고 하신 그리스도의 말씀에 복종하기보다는, 그들은 사람들에게 지금 일어나고 있는 일들은 실재하는 것이 아니라고 말합니다. 그것은 모두 마음속에 있는 것일 뿐이라고요. 그리고 사람들은 머뭇거리며, 〈주님, 저는 응답을 찾을 수 없습니다. 저는 도움을 받을 수가 없습니다〉라고 말합니다.

극단적인 광신자들이 크리스천보다도 더 많은 능력을 가지고 있는 것이 이상하지 않습니까? 사탄을 추종하는 자들이 많은 그리스도 신자들보다 더 자연적으로 보여질 때 우리는 놀라지 않습니까? 어떻게 그것이 가능합니까? 하나님은 무소불능하시고 사탄은 조그만 힘밖에 가지고 있지 않은데, 어찌하여 마귀의 졸개들이 무서운 힘을 행사할 만큼의 능력을 가지고 있을까요?

매우 간단한 사실입니다. 조그만 분량이라도 100퍼센트 사용하는 사람은 제 아무리 거대한 에너지를 가졌더라도 사용하지 않는 사람보다 더 강한 힘을 발휘합니다. 무엇이든지 주실 수 있는 하나님께로부터 아무것도 받지 않는 신자들보다 죄인들이 사탄으로부터 더 많은 것을 받고 있다는 사실을 생각할 때 나는 깊은 번민에 빠집니다.

여러분, 우리는 이제부터 막강한 힘을 발휘해야 합니다. 여러분은 하나님께서는 어느 귀신보다 강하시다는 것을 알 필요가 있으며, 예수님으로부터 나온 단 한 마디 말씀이 마귀를 물리쳤다는 사실을 알아야 합니다. 그분의 천사 중 하나는 사탄을 아비소스(무저갱)에 결박해 넣을 수 있는 힘을 가지고 있습니다(요한계시록 20장 1~3절). 하나님은 약하신 분이 아니십니다. 따라서 그분의 백성들도 마찬가지입니다.

여기 내가 터득한 한 가지 결론이 있습니다. 교회와 수많은 사람이 계속 패배만 해왔던 것은 이 우주 안의 가장 강력한 힘을 가지신 성령님을 무시해 왔기 때문이라는 사실입니다. 다시 말해 〈힘으로도 되지 않고, 권력으로도 되지 않으며, 오직 나의 영으로만 될 것이다〉(스가랴 4장 6절)라고 하신 말씀과 같습니다. 다음 구절 또한 흥분되는 말씀입니다. 「큰 산아, 네가 무엇이냐? 스룹바벨 앞에서는 평지일 뿐이다.」(스가랴 4장 7절)

여러분 앞에 놓여 있는 산더미 같은 돌덩이를 옮기어 평지를 만드는 데는 거대한 불도저가 필요할 것입니다. 그러나 공허함과 두려움의 커다란 산을 파 없애는 데 필요한 것은 오직 성령님의 거대한 힘을 통하는 일입니다.

가짜가 아닌 진짜

하나님은 말씀을 통해서 종노릇의 멍에에서 벗어날 수 있는 처방전을 주십니다. 그분은 여러분의 무거운 짐을 벗기는 데 무엇이 필요한지 정확히 알고 계십니다. 그것을 성령 세례라고 부릅니다.

> 그 날이 오면, 주님께서, 앗시리아가 지워 준 무거운 짐을 너의 어깨에서 벗기시고, 앗시리아의 멍에를 너의 목에서 벗기실 것이다. 네가 살이 쪄서 멍에가 부러질 것이다.(이사야 10장 27절)

하나님께서 이스라엘의 짐을 벗기신 것같이 여러분의 멍에도 벗기실 것입니다. 여러분에게 무거운 멍에를 지우는 사탄은 방심할 수 없는 존재입니다. 그러나 모든 올무로부터 벗어나게 할 것을 선포하신 예수님은 〈내 멍에는 편하고 내 짐은 가볍다〉(마태복음 11장 30절)라고 하셨습니다.

어떠한 멍에도 성령님에 의해서 부서질 수 있습니다. 그것은 순간적이거나 일시적인 해결책이 아닙니다. 성령님은 항상 여러분과 함께 계시며, 여러분의 짐을 벗겨 주시고, 여러분을 새로운 길로 인도해 주실 것입니다. 사도 요한은 성령에 대해 말하면서 〈여러분으로 말하자면, 그가 기름 부어 주신 것이 여러분 속에 머물러 있으니, 여러분은 아무에게서도 가르침을 받을 필요가 없습니다. 그가 기름 부어 주신 것이 여러분에게 모든 것을 가르쳐 줍니다. 그리고 그 가르침은 참이요, 거짓이 아닙니다. 여러분은 그 가르침대로 언제나 그리스도 안에 머물러 있으십시오.)(요한1서 2장 27절)라고 했습니다.

누가 성령 세례를 받고, 누가 그렇지 않은지를 분별하는 데는 박사 학위가 필요치 않습니다. 일요일 아침 TV 예배 프로그램이 방영되는 동안 채널을 돌려 대는 거듭나지 않은 자들일지라도 그것을 보면 성령님께서 함께하신다는 것을 압니다. 그러한 일은 다이아몬드와 같이 아주 희귀한 것이기 때문에 알 수 있는 것입니다.

성령 세례를 받지 못한 사람이 받은 것처럼 헛되이 노력하는 것은 비극적인 일이라 하지 않을 수 없습니다. 그들은 억지로 노력하지만 주님의 함께하심은 그곳에 있지 않습니다. 여러분은 빈껍데기일 뿐인 대연설가나 성경 교사의 말을 듣기 위해 얼마나 많이 다녔습니까? 그들에게는 지식밖에 없었을 것입니다. 그들은 생명이 전혀 없는 정보로만 채워졌을 뿐입니다. 그들은 자신 있게 말합니다만 그들의 말은 실상 죽은 것입니다.

나는 태평양 연안의 한 집회에서 일어났던 일을 결코 잊을 수가 없습니다. 오후 집회 때 한 젊은이가 찬양하기 위해 소개되었습니다. 멋지게 잘 다듬어진 목소리로 그는「우리의 왕이 오시네」를 불렀습니다. 모든 사람이 즐거워했고, 그가 찬양을 끝냈을 때는 그에게 우레와 같은 박수를 보냈습니다.

어찌된 일인지 모르지만 저녁 집회 때도 한 숙녀가 똑같은 찬송을 불렀습니다. 솔직히 그녀는 가수답지 않았으며, 목소리에는 약간 콧소리가 섞여 있었고 게다가 음정까지 틀렸습니다. 그러나 그녀는 그 부족한 점들을 천 배나 덮고도 남을 만한 무엇인가를 가지고 있었습니다. 그녀가 2절로 들어갈 무렵 회중들은 발로 박자를 맞추기 시작했으며 자기 손을 하늘을 향해 들었습니다. 전율과도 같은 능력의 흐름이 현장을 감쌌습니다. 그 능력은 그녀가 찬양을 마쳤을 때에도 중단되지 않았습니다. 그리고 아주 오랫동안 사람들의 박수는 그치지 않았습니다. 우리는 그녀에게 갈채를 보낸 것이 아닙니다. 그러한 노래를 주신 분께 감사의 박수를 보낸 것입니다.

여러분, 두 사람은 무엇이 달랐습니까? 그것은 성령님의 임재하심과 아니하심의 차이였습니다. 그녀의 삶 속에는 성령님이 계셨던 것입니다.

캐나다에서의 복음 사역 동안, 나는 빌리 그레이엄 목사의 부흥 집회를 후원했던 적이 있었습니다. 집회의 준비는 내가 본 적이 없을 만큼 잘 조직되고 있었습니다. 예배는 내가 인도하던 것에 비하면 아주 능숙하게 진행되었습니다. 그레이엄 목사가 설교할 때에는 그의 메시지에 간과할 수 없는 성령님의 함께하심이 있었습니다. 나는 성령님과 깊은 개인적 친교를 가지고 있는 한 사람이 내 앞에 서 있었다는 것을 말씀드릴 수 있습니다.

유대교 회당을 놀라게 한 말씀

창조 이래 사람들은 기름 부으심에 매혹되어 왔습니다. 그것은 경이롭고, 명백하였으며, 모방되기까지 하였습니다. 그러나 진짜 기름 부으심은 아직까지도 항상 성령 하나님의 한 사역으로 여겨져 왔습니다.

그 목적이 무엇일까요? 여러분이 능력을 가지고 메시지를 선포하게 하기 위해서입니다.

> 주님께서 나에게 기름을 부으시니, 주 하나님의 영이 나에게 임하셨다. 주님께서 나를 보내셔서, 가난한 사람들에게 기쁜 소식을 전하고, 상한 마음을 싸매어 주고, 포로에게 자유를 선포하고, 갇힌 사람에게 석방을 선언하고, 주님의 은혜의 해와 우리 하나님의 보복의 날을 선언하고, 모든 슬퍼하는 사람들을 위로하게 하셨다.(이사야 61장 1~2절)

이 성경은 단지 구약 선지자의 말씀만은 아닙니다. 예수님께서는 이 말씀을 인용하여 나사렛의 유대교 회당에 모인 자들을 놀라게 하셨습니다(누가복음 4장 18~19절).

성령님께서 하나님이시라는 사실을 여러분이 알아야만 성령님을 이해할 수 있다는 것을 절대 잊지 마십시오. 이런 표현이 여러분에게 생소할지 모르지만 그것은 기록된 말씀을 기초로 한 것입니다. 그분에게는 창조의 능력이 있습니다. 여러분, 욥기에 있는 구절을 기억합니까? 「하나님의 영이 나를 만드시고, 전능하신 분의 입김이 내게 생명을 주셨습니다.」(욥기 33장 4절)

천국 영광의 보좌에 계시는 아버지 하나님께서 〈우리가 사람을 만들리라〉 하고 말씀하신다면, 성령님께서 이 땅 위에서 그 일을 하십니다. 창세기의 두 번째 절에서도 〈하나님의 영은 물 위에 움직이고 계셨다〉라고 했습니다. 그리고 시편의 저자들도 그 땅 위의 창조물에 대해 이야기합니다. 「주님께서 주님의 영을 불어넣으시면, 그들이 다시 창조됩니다. 주님께서는 땅의 모습을 다시 새롭게 하십니다.」(시편 104편 30절)

영적 성장

다음에는 무엇을 해야 할까요?

여러분의 삶 속에서 성령님의 기름 부으심이 증거로 나타나기를 원한다면, 그분이 누구이시며, 어떤 일을 행하시며, 또 여러분이 그분과 어떻게 친교를 시작할 수 있을지 알아야 합니다. 성령님은 여러분이 기분 좋으라고 보내지신 것은 아닙니다. 그분은 분명히 그렇게 하실 수 있습니다만, 그보다 훨씬 큰일을 하십니다. 그분은 삼위일체 안에서 동등하시므로, 성부 하나님과 성자 하나님께서 우리의 예배를 받으시는 것과 같이 그분도 예배받으시기를 원하고 계십니다. 이것은 시작일 뿐입니다. 여러분의 영적 성장은 커다란 떡갈나무가 자라는 것과 크게 다르지 않습니다. 거름을 주고 가꾸어야만 합니다.

최근에 한 남자가 〈베니, 1978년에 제게 성령님을 소개해 주셔서 감사합니다〉라고 말했습니다. 〈다행입니다. 그 이후에 무슨 일이 일어났는지 말해 주시겠습니까?〉 하고 나는 물었지요.

얼굴에 표정이 사라지더니 그는 이렇게 말했습니다. 「네, 별로. 다만 그분을 만났을 때만을 기억할 뿐입니다.」

「왜 아무 일도 일어나지 않았다고 생각하십니까?」

「아마 제가 무엇을 해야 할지 몰랐던 것 같습니다.」 결코 잊을 수 없는 대답이었습니다

나는 성령님께 소개된 모든 사람이 내가 그랬던 것처럼 반응하기를 기대하고 있는지도 모릅니다. 나는 문자 그대로 말씀과 함께, 성령님과 함께 마치 스펀지처럼 그분이 주시는 모든 것을 흡수했습니다. 귀하신 성령님과 함께 수많은 시간을 보낸 것이었습니다.

많은 사람이 성경 공부를 하는 데 충분한 시간을 내기가 거의 불가능합니다. 그러나 여러분은 이 책을 읽음으로써 성령님과 내가 몇 년간 나누었던 것을 간단명료하게 받을 수 있을 것입니다. 그러나 내가 여러분에게 할 수 없는 것이 한 가지 있습니다. 나는 영적인 마술 막대기를 여러분 머리 위에 흔들어 여러분에게 기름 붓게 할 수는 없다는 것입니다. 그것은 오직 성령님과의 개인적인 깊은 만남에서만 옵니다. 기름 부으심은 여러분이 마련할 수 있는 친교와 교통으로 계속되며 성장되어 갑니다.

성령 하나님이 진짜 하나님으로 보이기 시작할 때 성령 안

에서 여러분의 성장은 시작됩니다. 어렸을 때부터 성령님의 존재가 낮고 약한 분이라고 주입받아 왔기 때문에 진실된 성령님의 위치를 여러분이 충분히 이해하도록 반복하기가 힘듭니다. 나는 〈성령님은 그리스도의 육신의 종이다〉라고 말하는 책을 본 기억이 있습니다. 이런 종류의 오류가 너무 빈번하다는 것입니다. 그분은 종이 아니십니다. 그분은 책임을 가지고 계신 분입니다. 그분은 그리스도 육신의 인도자이십니다.

자, 이제 내가 알고 있는 것을 여러분과 같이 나누고자 합니다. 성령님은 하나님이실 뿐만 아니라, 또한 주 예수 그리스도의 아버지이십니다. 여러분이 〈베니, 잠깐〉 하기 전에 여러분에게 설명하겠습니다.

여러분은 〈저는 성부 하나님께서 예수님의 아버지라고 생각했는데요〉 하겠지요. 여러분이 옳습니다만, 틀린 점도 있습니다. 왜 그런지 얘기하지요. 복음서의 첫째 장에 성령님은 주님의 아버지라고 기록되어 있습니다. 「예수 그리스도의 태어나심은 이러하다. 그의 어머니 마리아가 요셉과 약혼하고 나서, 같이 살기 전에, 마리아가 성령으로 잉태한 사실이 드러났다.」(마태복음 1장 18절)

마리아는 걱정하고 있었습니다. 마리아가 천사에게 말하기를, 〈나는 남자를 알지 못하는데, 어떻게 이런 일이 있겠습니까〉 했습니다. 그러자 천사가 대답하기를 〈성령이 그대에게 임하시고, 더없이 높으신 분의 능력이 그대를 감싸 줄 것이다. 그러므로 태어날 아기는 거룩한 분이요, 하나님의 아들이라고

218

불릴 것이다〉 했습니다.(누가복음 1장 34~35절)

여러분 알겠지요. 그분이 성자 하나님이라 일컬음을 받으셨습니다. 성령님께서 그리스도의 어머니에게 오셔서 그렇게 된 것입니다. 이것이 바로 삼위일체를 잘 말해 주고 있는 것입니다. 성부 하나님의 아들과 성령 하나님의 아들은 동일한 분입니다.

예수님의 속성조차 성령님에 의해 주어지신 것입니다. 오실 그리스도에 대하여 이사야는 이렇게 기록했습니다.

이새의 줄기에서 한 싹이 나며 그 뿌리에서 한 가지가 자라서 열매를 맺는다. 주님의 영이 그에게 내려오신다. 지혜와 총명의 영, 모략과 권능의 영, 지식과 주님을 경외하게 하는 영이 그에게 내려오시니.(이사야 11장 1~2절)

아버지는 누구이십니까?

예수 그리스도는 성령님의 아들이십니다. 그리고 육신의 부모가 자기 자식을 사랑하는 것과 같이 성령님도 예수님을 사랑하십니다. 여러분은 갓난아기를 팔에 꼭 껴안고 사랑스러워하며 자랑스럽게 여기는 아버지를 본 적이 있습니까? 성령님께서 감정도 가지고 계시다는 것을 잊어버리지는 않았지요? 그분은 당신께서 창조하신 모든 것을 사랑하십니다. 그러기에 성령님은 여러분을 팔로 안아 주고 싶어 하십니다.

여러분은 하늘에 계신 성부 하나님께서 성령님께 〈내 아들을 데리고 가서, 그를 육신으로 만들게〉 하고 말씀하시는 것을 이해할 수 있겠습니까? 그것은 바로 이적 중의 이적이었습니다. 성령님은 그 씨를 받아 가지고 마리아의 몸에 심으셨습니다. 따라서 그분은 예수님의 아버지이셨을 뿐만 아니라 예수님에게 기름을 부으신 분이기도 합니다.

마음속에 한번 그려 보십시오. 성부 하나님은 하늘 보좌에 앉아 계시고 예수님은 이 땅에서 병자를 치유하시며 이적을 행하고 계십니다. 그러면 성령님은 어떠하십니까? 그분은 두 분 사이를 연결하는 채널이십니다. 자, 성부 하나님께서 전화기를 드시고, 필요하시다면, 〈성령!〉 하고 부르실 것입니다.

「네, 말씀하세요.」 성령님은 대답하십니다.

「내가 예수를 시험하기 위해 마귀를 보내려고 하는데 그를 광야로 인도해 주길 바라네.」

「네, 알겠습니다.」 성령님께서는 대답하시고 예수님에게로 달려가서 말씀하실 것입니다. 「예수여, 나를 따라오시오.」

여러분 이제 어떻게 성령님께서 두 분 사이를 연결하고 계신지 알겠습니까?

다른 장면을 그려 봅시다. 예수님께서 중한 병자 옆을 지나고 계십니다. 아버지 하나님께서 전화로 말씀하십니다. 「성령, 예수를 멈추게 하게! 바로 그곳에 서라고 그에게 말하게.」

「알겠습니다! 예수여, 거기 멈추시오.」 성령님께서 말씀하십니다. 그리고 전화에 대고 또 말씀하십니다. 「아버지, 그다음에 무얼 시킬까요?」

「저 병자를 치유하라고 말하게.」 하나님의 음성입니다.

예수님은 즉시 병자에게 손을 얹으시며, 성령님의 능력은 예수님을 통해서 흐르게 되니, 그 병든 자는 기적적으로 일어나는 것입니다.

여기서 여러분이 기억해야 할 중요한 것이 있습니다. 이것을 이해한다면 여러분의 눈으로부터 장막이 벗겨져 성령님의 역할을 이해하게 될 것입니다. 이 땅 위에서 예수님은 보통 인간 이상은 아니셨습니다. 그분은 성령님의 음성 없이는 〈하늘의 지식〉을 가지지 않으셨습니다. 그리고 성령님께서 그분을 움직이지 않으시면, 그분은 움직이지 않으셨습니다.

예수님이 지나가실 때 어떤 병자는 치유받지 못했는데 왜 그럴까 하고 생각해 보셨습니까? 왜 예수님께서는 그들을 위해 기도하지 않으셨을까요? 왜 그들에게 손을 내밀어 악수하지 않으셨을까요? 아버지 하나님께서 예수님으로 하여금 그것을 하시도록 성령님께 명령하지 않으셨기 때문입니다. 그리스도께서는 〈다만 내가 아버지를 사랑한다는 것과, 아버지께서 내게 분부하신 그대로 내가 행한다는 것을, 세상에 알리려는 것이다〉(요한복음 14장 31절)라고 말씀하셨습니다. 예수님은 성령님께 전적으로 의존하고 계셨습니다. 성령님은 아버지께로 통하는 그리스도의 생명선이셨습니다.

그리스도께서 죄를 지으실 수 있었을까요?

그리스도께서는 골고다의 일을 당하시기 이전에도, 성령님을 통해서 자신을 아버지께 드렸습니다. 히브리서는 그리스도의 피를 짐승의 희생에 비교하여 말합니다. 「하물며 영원한 성령을 힘입어 자기 몸을 흠 없는 제물로 삼아 하나님께 바치신 그리스도의 피야말로, 더욱더 우리들의 양심을 깨끗하게 해서, 우리로 하여금 죽은 행실에서 떠나서 살아 계신 하나님을 섬기게 하지 않겠습니까?」(히브리서 9장 14절)

성령님을 통해서 자신을 드리지 않으셨다면, 그분은 하나님 아버지의 눈에 들지 않으셨을지도 모릅니다. 또한 그분은 자가의 고난을 담당하시지 않았을지도 모릅니다. 성령님을 통해서 그 자신을 드리지 않으셨다면 그분의 피가 순전하며 흠 없는 것으로 여겨지지 않았을지도 모릅니다.

보충 설명을 하지요. 성령님께서 예수님과 함께하지 않으셨다면, 그분은 죄를 지으셨을지도 모릅니다. 그렇습니다. 예수님을 순전하게 지켰던 힘은 성령님이셨습니다. 예수님은 하늘로부터 보내심을 받으셨을 뿐 아니라, 또한 인자라고 불리셨습니다. 그분이 죄를 지으실 수도 있다는 말입니다. 죄를 짓지 않으셨다는 것이 죄를 지을 수 없으셨다는 것을 뜻하지는 않습니다.

여러분은 예수님께서 죄를 지으실 수 없는 분이라고 믿습니까? 그렇다면, 왜 사탄이 그분을 유혹하려고 시간을 소모하였을까요? 마귀가 무엇을 꾀하는지 예수님은 알고 계셨습니다. 성령님 없이는 결코 아실 수가 없었을 것입니다.

예수님은 실제로 성령님을 통해서 죄 없이 지켜지셨기에

자신을 드릴 수 있었던 것입니다. 그분은 성령님을 의지하셨기에 무덤 속 죽음의 세력으로부터 일어나실 수 있었습니다. 바울이 말한 것을 기억합니까? 「성령으로는 죽은 사람들 가운데서 부활하심으로 나타내신 권능으로 하나님의 아들로 확정되신 분이십니다. 그는 곧 우리 주 예수 그리스도이십니다.」 (로마서 1장 4절)

그리스도께서 죽음에서 일어나신 것은 성령님의 능력을 통해서였습니다. 성경에서는 이렇게 말합니다. 「예수를 죽은 사람들 가운데서 살리신 분의 영이 여러분 안에 살아 계시면, 그리스도를 죽은 사람들 가운데서 살리신 분께서, 여러분 안에 계신 자기의 영으로 여러분의 죽을 몸도 살리실 것입니다.」 (로마서 8장 11절) 성령님께서는 그리스도만 살리신 것이 아니라 여러분 또한 살리실 것입니다! 우리는 그분 안에서 우리의 소망의 안식처를 발견할 수 있을 것입니다.

하나님의 종합 계획

예수님께서 부활하심으로 해서 역사의 흐름을 바꾼 후에도 그분은 계속해서 성령님께 의존하셨습니다. 제자들에게도 위로부터 능력을 받을 때까지 예루살렘을 떠나지 말라고 하셨습니다. 제자들에게 〈너희는 예루살렘을 떠나지 말고, 내게서 들은 아버지의 약속을 기다려라. 요한은 물로 세례를 주었으나, 너희는 여러 날이 되지 않아서 성령으로 세례를 받을 것이다.」 (사도행전 1장 4~5절)

이렇게 말씀하실 때 그리스도는 하나님의 조정 아래 계셨습니다. 그리스도께서는 아버지께서 성령님께 말씀하신 것을 반복하여 말씀하셨습니다.

그리스도께서는 성령님께 의존하고 계시므로 제자들에게 지시하시기 전에 먼저 성령님께로 향하십니다. 성경은 예수님께서 사도들에게 〈성령을 통하여〉 명하신 후 승천하셨다고 기록하고 있습니다(사도행전 1장 2절).

오해하지 마십시오! 나는 그리스도께서 성령님보다 낮은 위치에 계신다고 말하는 것이 아닙니다. 절대, 예수님은 성령님보다 낮지 아니하시며, 성령님도 예수님보다 낮지 아니하십니다. 삼위일체 안에서 절대적으로 동등하십니다. 세 분께서는 독특한 목적과 특성을 가지고 계신 것입니다.

내가 원하는 것은 〈성령님은 약하신 분이 아니다〉라는 것을 여러분에게 알리는 일입니다. 그분은 미숙하거나 자신에 대해 이야기하지 못하는 분이 아니십니다. 성령님은 완전하시며, 능력이 있으시며, 영광스러우신 분입니다.

성령님은 우리의 예배를 받으실 자격이 있으십니다. 우리는 여러 세대에 걸쳐 불러 온 〈만복의 근원 하나님 온 백성 찬송 드리고…… 저 천사여 찬송하세 성부, 성자, 성령!〉 하는 찬송을 생활화해야 합니다.

여러분, 어떻게 성령님을 알 수 있습니까? 그것은 여러분이 잠자리에 들 때 〈너는 오늘 기도하지 않았구나〉 하고 생각나게 해주시는 작은 음성을 듣고 따르는 것만큼 간단합니다. 아니면 〈너는 오늘 성경을 읽지 않았구나〉 하는 말씀이 들릴 것입니다. 바로 이것이 여러분의 혼을 잡아당기시는 성령님의 음성이십니다. 여러분은 그분을 이미 알고 있습니다. 그럼에도 그분은 여러분이 당신에 대해 더 많이 알기를 재촉하고 계십니다.

주님께서는 여러분이 성령님을 위한 자리를 마련했을 때 여러분에게 어떤 일이 일어날 것인지를 알려 주셨습니다. 「나를 믿는 사람은, 성경이 말한 바와 같이, 그의 배에서 생수가 강물처럼 흘러나올 것이다.」(요한복음 7장 38절) 이 말씀이 무엇을 뜻하는 것일까요? 「이것은, 예수를 믿은 사람이 받게 될 성령을 가리켜서 하신 말씀이다. 예수께서 아직 영광을 받지 않으셨으므로, 성령이 아직 사람들에게 오시지 않았다.」(요한복음 7장 39절)

하나님께서는 여러분의 삶에 대한 종합 계획을 세밀하게 가지고 계십니다. 물론 기름 부으심이나 성령이 청사진에 포함되어 있습니다. 「우리를 여러분과 함께 그리스도 안에 튼튼히 서게 하시고, 또 우리에게 사명을 맡기신 분은, 하나님이십니다. 하나님께서는 또한 우리를 자기의 것이라는 표로 인을 치시고, 그 보증으로 우리 마음에 성령을 주셨습니다.」(고린도후서 1장 21~22절)

여러분은 성령님을 위한 자리를 마련했습니까? 오직 그분이 바라시는 것은 여러분 마음속에 있는 자리입니다.

인도하심을
따라

「왜 하나님께서는 나의 기도에 응답하시지 않을까요?」

「왜 나는 치유나 자유함을 받지 못할까요?」

여러분의 절박한 요구에 대한 응답은 가까이에 있습니다. 여러분이 생각한 것보다 훨씬 가까이에 말입니다. 여러분의 마음으로부터 우러나온 한마디가 여러분의 삶을 덮고 있던 검은 구름을 갑작스럽게 걷어 가버릴 것입니다. 하나님은 수천 수만 킬로미터 떨어진 먼 곳에 계시는, 접근할 수 없는 영이 아니십니다. 하나님 아버지는 아주 가까이에 계시기에 어느 순간에나 여러분은 그분과 이야기할 수 있습니다. 성령님도 우리 곁에 아주 가까이 계시기에 여러분에게 안위와 평안을 주시며 나아갈 방향을 지시해 주십니다. 여러분이 해야 할 것이라고는 오직 그분께 구하고, 그분의 일을 믿는 것밖에 없습니다.

성령 안에서 내가 발견한 것은 어떤 불가사의나 감추어진 비밀이 아닙니다. 그것은 여러분의 삶만큼 사실적이며 여러분

심장의 고동만큼 가깝습니다. 그래서 여러분과 같이 나누기를 원하는 것입니다.

삼위일체
하나님의 일

약점? 아니면 의지?

삼위일체에 관한 것부터 시작해 봅시다. 한 분에 관한 것이 세 분 모두께 꼭 적용되지는 않습니다. 그분들은 움직이시는 방법이나 말씀하시는 방법 등이 가끔 다르십니다. 우리는 이미 삼위일체의 세 분은(한 분이시지만) 각기 독특한 개성을 지니고 계신다는 것을 앞에서 살펴보았습니다. 그러기에 하나님과 교통하려면 성부, 성자, 성령을 이해하는 것이 꼭 필요합니다.

하나님께서 일하시는 것을 볼 때, 여러분은 한 분 하나님을 보게 됩니다. 그렇지만 여러분은 세 분 하나님이 생각하시는 방법이나 일하시는 방법에서 약간의 차이를 발견하게 될 것입니다.

한 예로, 구약의 유대인들이 아버지 하나님 앞에서 고의적으로 죄를 저질렀을 때 무슨 일이 일어났는지 기억합니까? 성경에 그들은 죽임을 당하거나 벌을 받았다고 기록되어 있습니다.

그러나 아들 그리스도께서는 고의적으로 죄를 저지른 자들을 전혀 다르게 대하셨습니다. 예컨대 바리새인들을 예수께서 죽이셨나요? 아니지요. 다만 그들을 꾸짖었을 뿐입니다.

여러분은 〈그리스도께서는 누구든지 용서해 주셨다고 나는 믿어 왔는데?〉 하고 질문하겠지요. 성경에는 예수님께서 바리새인들의 죄를 용서해 주셨는지는 기록되어 있지 않습니다. 십자가 위에서 한 죄인이 〈나는 죄인이로소이다〉 하고 마음으로부터 부르짖을 때에야 비로소 예수님은 그 죄인을 용서해 주셨습니다.

오해하지 마십시오. 하나님께서도 용서하셨습니다. 그러나 하나님은 그분에게 계속 대항하는 자들을 죽이시거나 벌주셨습니다. 한편 성자 하나님은 다른 방법으로 대하셨습니다. 고의적으로 죄를 지은 사람들을 죽이거나 심판하지 않으시고 단순히 그들을 꾸짖으셨습니다.

여러분은 또 〈성령님은 어떠신가요? 알면서 고의적으로 죄지은 자를 어떻게 대하시나요?〉 하고 묻겠지요. 그분은 아버지나 아들과는 다르게 반응하십니다. 성령님은 그들을 제거하지도 꾸짖지도 아니하십니다. 성령님은 그들에게 죄를 깨닫게 하시고 그분의 능력을 보여 주십니다.

어디를 향할까요?

삼위일체는 서로 다른 독특한 세 분으로 이루어져 있습니다. 그러나 여러분은 그분들의 유일성, 단일성도 이해해야 합니다. 서로 포용하고 있는 유일성이 일하시는 데는 서로 연관되어 있으며, 이것이 삼위일체 하나님의 본질임을 인식하는 것이 아주 중요합니다.

삼위일체 하나님 안에서 세 분의 운영이 서로 다름(또는 다양함)과 동시에 하나라는 것을 성경은 분명히 밝혀 주고 있습니다. 여기 바울이 고린도 교회에 설명한 것이 있습니다. 〈섬기는 일은 여러 가지지만, 섬김을 받으시는 분은 같은 주님이십니다. 일의 성과는 여러 가지지만, 모든 사람에게서 모든 일을 하시는 분은 같은 하나님이십니다〉(고린도전서 12장 5~6절)라고 했으며, 또한 〈각 사람에게 성령을 나타내 주시는 것은 공동 이익을 위한 것〉(고린도전서 12장 7절)이라고 편지했습니다.

바울은 삼위일체 하나님의 사역을 확실하게 펼쳐 보였습니다. 예수님은 관리자Administrator 이시며, 아버지 하나님은 경영자Operator 이시고, 성령님은 표현자Manifestor이십니다. 순서를 나타내는 데 있어서 아주 드물게 예수님을 먼저 말하고, 두 번째로 아버지 하나님을 말하였습니다.

그러면 이것을 성경에 나타난 〈일반적인〉 순서로 놓아 봅시다. 아버지 하나님의 제일 중요한 일은 무엇입니까? 그분은 경영하십니다. 성자 하나님은 어떻습니까? 그분은 아버지의 경영을 관리하십니다. 그리고 성령님은 그 경영의 관리를 나타내십니다.

여러분이 생명이 필요하다면 누구를 찾겠습니까? 아버지

하나님께서 모든 선물을 주시는 분이기에 그분을 찾아야 합니다. 〈우리는 예수님을 찾아야 하는 것으로 알고 있는데요〉 하고 여러분은 말합니다. 아닙니다. 근원은 아버지께 있습니다. 그러나 근원을 주시는 분은 그리스도이십니다. 그리고 근원의 힘은 성령님이십니다.

그래서 여러분에게 생명이 필요할 때 일은 이렇게 진행됩니다. 여러분은 하나님 아버지께 기도합니다. 「아버지, 생명을 주십시오!」 하나님은 치유나 자유함의 근원이십니다.

「아버지께 내 이름으로 구하라.」 예수님께서 말씀하셨습니다. 여러분께서 그분의 아들을 통해서 하나님께 접근한다 할지라도 여러분이 선물을 구하는 것은 아버지 하나님께입니다. 여러분의 구함은 아들을 통해서 하나님께로 갑니다.

선물은 어떻게 올까요? 여러분이 치유되기를 구한다고 합시다. 아버지 하나님께서는 아들 하나님을 보시고 〈그를 치유해 주거라〉 하실 것입니다.

이렇듯 그리스도께서는 치유함을 주십니다. 왜냐고요? 그것이 관리자의 역할이니까요. 〈관리하다〉의 참뜻은 〈사역하다〉 또는 〈봉사하다〉입니다. 아버지 하나님께서 아들에게 치유의 능력을 주시고 예수님은 여러분에게 봉사하고 계십니다.

여러분이 전에 발견할 수 없었던 치유에 이제 접근할 수 있을 것 같습니까? 여러분의 팔을 있는 대로 쭉 뻗어 보십시오. 그러나 아직도 선물은 여러분의 손으로 잡을 수 있는 데 있는 것 같지 않습니다. 가까이 있는 것 같은데 아직도 멀리 있군요.

왜 그럴까요? 무엇이 빠진 것일까요? 그렇습니다. 성령님의
역할이 있어야만 합니다. 성령님은 하나님에 의해서 준비되었
고 그의 아들에 의해 봉사되었던 치유를 나타내십니다. 여러
분의 치유 과정을 완성시키시는 분은 바로 성령님이십니다.

성령님은 여러분 곁에 계십니다

오순절 날 시작되었습니다. 성령님, 그분은 삼위일체 하나
님의 말씀을 나타내시기 위하여 하늘에서 내려오셨습니다. 오
늘날 성령님은 정확히 어디에 계십니까? 어디에 그분이 거처
하십니까? 성령님께서는 많은 사람이 믿고 있듯이 예수님 곁
에 서 계시지 않습니다. 그분은 여러분과 내게 보혜사, 또는
〈우리 곁에 계시는 분〉이 되도록 보내심을 받으셨습니다.

성령님은 여러분을 돕는 분이십니다. 여러분에게 없어서는
안 될 생명과 치유와 자유함을 주시는 성령님은 여러분의 조
력자이십니다.

「베니, 누구에게 기도할까요?」 가끔 누군가가 묻습니다.

「제발 쟁점을 혼동하지 마세요. 여러분은 아버지 하나님께
기도해야 합니다.」 이것이 나의 대답입니다.

「그런데 왜 당신은 우리가 성령님과 대화해야 한다고 하
지요?」

「대화와 기도 사이에는 엄청난 차이가 있습니다. 전 지금까
지 성령님께 기도한 적이 없습니다.」 나는 또 이렇게 대답합
니다.

여러분은 〈기도〉의 뜻이 무엇인지 알고 있습니까? 기도는 청원을 의미합니다. 다른 말로 해서 응답을 원하고 기대하는 것입니다. 성령님께 절대로 구하지 마십시오. 그분은 다만 여러분이 구할 수 있도록 도와주시는 분입니다.

나는 지금까지 〈성령님, 주십시오〉 하고 말한 적이 없습니다. 그러나 〈귀하신 성령님, 구하게 도와주십시오〉 하고 말한 적은 헤아릴 수 없이 많습니다.

여러분의 응답이 바로 눈앞에 있음을 알았습니까? 응답을 기다리십시오. 수년간 여러분에게 고통을 준 신체적인 문제나 깨뜨리기가 거의 불가능한 것 같은 습관일지라도 여러분에게 필요한 응답은 손 닿을 만큼 아주 가까운 곳에 있습니다.

성령 하나님께 돌아서서 〈성령님, 당신은 저를 도우시는 분입니다. 저는 성령님이 필요합니다. 지금 저를 도와주시겠습니까?〉 하고 여러분의 마음으로부터 말씀을 드린 후 얼마 안 되어 성령님은 당신의 손을 여러분 위에 얹으실 것입니다. 그러고는 놀라운 일이 여러분에게 일어날 것입니다. 갑자기 여러분 자신이 〈성령님 안에〉— 그분의 인격과 임재 속에 젖어드는— 있는 것을 발견할 것입니다.

간단한 세 마디

하나님께서 여러분에게 주시는 것은 성부 아버지로부터 옵니다. 그리고 여러분에게 무엇을 주실 때는 보통 예수님을 통해서 오는 것으로 기록되어 있습니다. 그러나 성령님께서 마련하실 때 그것은 그분 안에서 주어집니다. 〈~의of〉, 〈통해서 through〉, 〈~으로in〉, 이 세 마디는 간단합니다. 그러나 그것들은 위력 있고 막강합니다.

하나님의 말씀을 읽으면 뚜렷한 패턴이 있습니다. 아버지 하나님에 관해 말할 때는 〈하나님의 사랑〉, 〈하나님의 능력〉, 〈하나님의 은혜〉와 같은 말들로 표현하고 있습니다. 그렇게 계속해서 하나님을 나타내고 있습니다.

그러면 그리스도는 어떻게 그려집니까? 성경에서는 보통 〈아들을 통해서 찬양하라〉, 〈아들을 통해서 받으라〉 등으로 우리에게 가르치고 있습니다.

성령님으로 오면 용어가 바뀝니다. 〈~으로〉라는 단어가 사용되는 것입니다. 「여러분은 성령께서(으로) 인도하여 주시는 대로 살아가십시오. 그러면 육체의 욕망을 채우려 하지 않을 것입니다.」(갈라디아서 5장 16절) 그리고 다음 말씀이 있습니다. 「우리가 성령으로 삶을 얻었으니, 우리는 성령이 인도해 주심을 따라 살아갑시다.」(갈라디아서 5장 25절)

그리스도께서 우물가의 사마리아 여인에게 〈참되게(으로) 예배를 드리는 사람들이 영과 진리로 아버지께 예배를 드릴 때가 온다. 지금이 바로 그때이다. 아버지께서는 이렇게 예배를 드리는 사람들을 찾으신다〉(요한복음 4장 23절)라고 말씀하셨습니다. 여기에서 〈으로〉라는 단어는 〈~와 함께〉를 뜻하고 있습니다. 다른 말로 하면 성령님과 함께 예배드리는 자를 아버지께서 찾고 계신다는 말씀입니다.

여러분은 성령님과 동행하고 있습니까? 여러분은 성령님과 함께 살고 있습니까? 그러한 관계에 도달하는 것은 어려운 일이 아닙니다. 위대하신 조력자에게 〈도와주세요!〉라고 말하는 것은 아주 간단합니다. 하나님으로부터 여러분에게 필요한 것을 받을 수 있도록 하나님의 성령께서는 여러분을 어루만지시고 실제로 여러분을 도우시는 것입니다. 중요하게 알아야 할 것은 삼위일체께서는 하나의 목표(여러분의 요구에 응하시는 것)를 달성하시기 위해 실제 함께 일하고 계신다는 사실입니다. 그분들은 성부이시며, 성자이시며, 성령이십니다. 그러나 그분들은 한 분이십니다. 그분들은 한 팀이시며, 한 본성이시며, 영원한 조화와 일치를 완성하기 위하여 함께 일하고 계십니다.

〈언약〉 관계

하나님께서 일하시는 방법

치유와 자유함이 유지되는 것은 성령님께서 이 땅 위에 계시고, 여러분 곁에 계시기 때문입니다. 주님께서 하늘로 올라가시면서 주신 선물을 여러분이 이 땅 위에서 보유할 수 있기 때문입니다.

만약 여러분이 성령님과 가까운 관계를 유지해 나갈 수 있는 방법을 알고 싶다면 선지자 학개가 한 말씀을 들으십시오.

「너희가 이집트에서 나올 때에, 내가 너희와 맺은 바로 그 언약이 아직도 변함이 없고, 나의 영이 너희 가운데 머물러 있으니, 너희는 두려워하지 말아라.」(학개 2장 5절)

여러분이 예수님께 여러분의 마음속으로 오십사 하고 청하였을 때, 여러분은 하나님과 개인적인 언약을 맺는 것입니다. 그것은 일반적인 대화가 아닙니다. 하나님께서도 여러분과 〈언약〉을 맺으십니다. 그와 같은 것이 바로 항상 하나님께서 일하시는 방법입니다.

아버지 하나님께서는 아담, 노아, 아브라함, 이삭, 다윗과 그 밖의 다른 많은 이와 언약을 맺기를 먼저 제안하셨습니다. 그리고 하나님께서 계약을 맺기를 원하셨던 것처럼 인간들도 하나님께로 향하고 있었습니다. 우리는 야곱, 여호수아, 엘리야, 그리고 이스라엘 백성에게서 그것을 발견할 수가 있습니다.

이스라엘 백성이 자신들의 죄를 하나님께 고백할 내 이렇게 말했습니다.

우리 하나님, 위대하고 강하고 두렵고, 한 번 세운 언약은 성실하게 지키시는 하나님, (……) 우리는 무서운 고역을 치르고 있습니다.(느헤미야 9장 32절, 37절)

계속하여 느헤미야는 주님께 말씀드렸습니다.

이 모든 것을 돌이켜 본 뒤에, 우리는 언약을 굳게 세우

고, 그것을 글로 적었으며, 지도자들과 레위 사람들과 제사
장들이 그 위에 서명하였다.(느헤미야 9장 38절)

적어도 84명의 이스라엘 지도자들이 〈하나님의 종 모세가
전하여 준 하나님의 율법을 따르기로 하고, 우리 주 하나님의
모든 계명과 규례와 율례에 복종하기로 하였으며, 그것을 어
기면 저주를 받아도 좋다고〉(느헤미야 10장 29절) 맹세하고 서
명하였습니다.

하나님과의 언약은 일어나(에스라 10장 14절), 신을 벗어서
(룻기 4장 7~11절), 잔치를 베풀며(창세기 26장 30절), 기둥을 세
우고(창세기 31장 45~53절), 맹세를 하는(여호수아 2장 12~14절)
등을 포함한 여러 가지 행동으로 확증되었습니다.

아마 무엇보다도 가장 중요한 언약은 〈영원한 언약의 피
를 흘려서 양들의 위대한 목자가 되신 우리 주 예수를 죽은 사
람들 가운데서 이끌어내신 평화의 하나님이〉(히브리서 13장
20절) 그 아들을 통해서 우리에게 주신 언약일 것입니다.

경고의 말!

하나님께서 여러분의 구원에 대하여 언약하신 것같이 여러
분도 여러분의 개인적 필요를 충족하기 위해 하나님께 맹세
하거나 서약할 수 있습니다. 나도 몇 번이고 하나님께 서원한
적이 있는데, 하나님께서는 축복의 대가로 여러분이 하고자
하는 것을 완전히 표명할 때 서원의 진실성을 아시리라 믿습

니다.

한 가지 사실은 분명합니다. 구약은 하나님을 기쁘시게 하는 언약으로 가득 차 있습니다. 왜 그것이 여러분에게 중요할까요? 왜냐하면 하나님께서는 언약에 의해서, 언약을 통해서 일하고 계시기 때문입니다. 여러분은 특별한 필요에 대해 그분께 언약을 요청할 수 있습니다. 여러분은 하나님께서 당신의 언약을 기꺼이 지키려고 하신다는 점을 알게 될 것입니다.

인류의 구원에 대해 하나님께서 여러분과 맺으신 영원한 언약의 결과로서 성령님께서 여러분의 삶 속으로 들어오셨다고 나는 믿습니다. 그분은 구원의 순간부터 여러분에게 보내진 하나님의, 그리고 그리스도의 메신저이십니다. 그 계약은 매우 심각하게 여겨져야 합니다. 삼손에게 어떤 일이 일어났는지 기억하십시오. 그가 자고 있는 동안 데릴라가 그의 머리카락을 면도로 밀이 낸 후 말했습니다.「〈삼손! 블레셋 사람들이 들이닥쳤어요!〉 하고 소리쳤다. 삼손은 잠에서 깨어나 〈내가 이번에도 지난번처럼 뛰쳐 나가서 힘을 떨쳐야지!〉 하고 생각하였으나, 주님께서 이미 자기를 떠나신 것을 미처 깨닫지 못하였다.」(사사기 16장 20절) 그에게서 떠난 것은 일찍이 그에게 임한 〈주님의 영〉이셨습니다(사사기 15장 14절).

여러분이 그 시간 그 장소에 있다고 상상해 보겠습니까? 여러분은 충만되었다고 생각하는데 사실상 그렇지 않습니다. 여러분은 기름 부으심을 받았다고 믿는데 성령은 이미 떠나셨습니다. 삼손은 하나님의 기름 부으심과 언약을 자신이 깨뜨렸다는 사실을 전혀 깨닫지 못했습니다. 그는 아직도 자신에게 힘이 있다고 믿었으나 성령은 그의 삶에서 사라지셨던 것입니다.

같은 일이 사울에게도 일어났습니다. 주님께서는 〈그가 나에게서 등을 돌리고, 나의 명령을 따르지 않는다〉(사무엘상 15장 11절) 하시며 왕으로서의 사울을 거부하셨습니다. 성령이 왕을 떠나셨을 뿐 아니라, 더 좋지 못한 일이 일어났습니다. 「사울에게서는 주님의 영이 떠났고, 그 대신에 주님께서 보내신 악한 영이 사울을 괴롭혔다.」(사무엘상 16장 14절)

빈 곳은 채워져야

믿지 않는 자에게 귀신들이 큰 영향을 끼친다는 것을 여러분은 알고 있습니까? 그것은 충격적인 이야기입니다만 성경에 분명히 나타나 있습니다. 「여러분도 전에는 허물과 죄로 죽었던 사람들입니다. 그때에 여러분은 허물과 죄 가운데서, 이 세상의 풍조를 따라 살고, 공중의 권세를 잡은 통치자, 곧 지금 불순종의 자식들 가운데서 작용하는 영을 따라 살았습니다.」(에베소서 2장 1~2절)

「그런 일은 절대로 내게 일어날 수 없어! 나는 성령으로 충만되었으니 말이야.」 여러분은 이러겠지요. 사실일지도 모르지만 어떤 이유로든 성령님은 여러분에게서 떠나실 수도 있습니다. 그리고 빈 곳이 발견되면 사탄은 바로 그곳을 노립니다. 그러면 사탄의 영향으로 우리는 억압당하게 됩니다.

누구든지 귀신에 관해 이야기하기를 좋아하지 않습니다. 목사들도 그것을 설교하지 않습니다. 크리스천들은 그것을 거론하지 않습니다. 죄를 짓는 자는 귀신이라는 두려운 주제를 마음속에서 지우려 합니다. 마치 정치가들이 마약과 범죄에 대해 어느 날 저절로 없어지거나 스스로 해결되리라 생각하며 주제를 회피하려는 것과 같습니다. 그러나 그리스도께서는 거침없이 그 쟁점을 말씀하셨습니다. 그리스도께서는 귀신들이 여러분의 삶 속으로 침투하기를 얼마나 노리고 있는지 강조하셨습니다.

예수님께서 바리새인들에게 〈악한 귀신이 어떤 사람에게서 나왔을 때에, 그는 쉴 곳을 찾느라고 물 없는 곳을 헤맸으나 찾지 못하였다. 그래서 그는 말하기를《내가 나온 집으로 되돌아가겠다》하고, 돌아와서 보니, 그 집은 비어 있고, 말끔히 치워져서 잘 정돈되어 있었다. 그래서 그는 가서, 자기보다 더 악한 딴 귀신 일곱을 데리고 와서, 그 집에 들어가 거기에 자리를 잡고 살았다〉(마태복음 12장 43~45절)라고 말씀하셨습니다. 주님께서 하신 그다음 말씀을 들어 보십시오. 「그래서 그 사람의 나중 형편이 처음보다 더 비참하게 되었다. 이 악한 세대도 그렇게 될 것이다.」(마태복음 12장 45절)

사탄의 침입 계획은 이와 같습니다. 떠났던 모든 귀신은 기회가 아직 있는지를 보려고 반드시 다시 찾아옵니다. 그리고 기회가 오면 다른 악한 자들을 데리고 옵니다. 놀랄 일입니다. 그것을 피할 수 있는 방법은 온전히 성령으로 충만되고 하나님과 여러분의 언약을 절대 깨뜨리지 않는 것입니다.

여러분, 주님의 제자들이 어린아이를 고치지 못했던 이야기를 기억합니까? 그리스도께서 변화산 위에서 영광을 받고 계시던 때였습니다. 주님께서 산에서 내려오시자 그 아이의 아버지가 〈주님, 내 아들을 불쌍히 여겨 주십시오. 간질병으로 몹시 고통받고 있습니다. 자주 불 속에 빠지기도 하고, 물속에 빠지기도 합니다. 그래서 아이를 선생님의 제자들에게 데리고 왔으나, 그들은 고치지 못하였습니다〉(마태복음 17장 15~16절)라고 말했습니다.

여기에는 육신의 치유 이상의 것이 필요했던 것입니다. 그리스도께서 〈귀신을 꾸짖으셨다. 그러자 귀신이 아이에게서 나가고, 아이는 그 순간에 나았다〉(마태복음 17장 18절)라고 하십니다.

주님께서는 여러분의 삶 속에서 사탄과 그의 귀신들, 여러분의 치유와 자유함을 방해하는 것들을 제거하려 하실 뿐 아니라, 그 빈 곳이 다른 존재로 채워지기를 원하십니다. 그래서 주님은 보혜사를 보내셨습니다. 주님께서는 성령님으로 채워지기를 원하고 계셨던 것입니다.

지금 바로, 성령님은 이 땅 위에 계십니다. 그분은 여러분의 초대를 인내로써 기다리고 계십니다.

단 한 마디의 말이나 속삭임이 필요할 뿐입니다. 「성령님, 제발 저를 도와주세요!」

그 응답은 바로 여러분 눈앞에 있습니다.

11 왜 흐느끼고
계십니까

「베니, 아버지 하나님께 대한 신성 모독(훼방)은 용서받을 수 있을까요?」 최근에 새로운 신자가 내게 물어 왔습니다.

「네, 그렇습니다.」

「예수님에 대한 신성 모독은 어떻습니까?」

「그것도 용서받을 수 있지요.」

「그럼, 왜 성령님에 대한 신성 모독만은 용서받지 못하는지 말해 주세요.」

많은 사람에게 이런 주제는 혼란을 가져다줍니다. 그러나 성령님은 내게 〈용서할 수 없는 죄〉를 범하는 두려움으로부터 자유함을 주셨습니다. 내가 그 주제에 대해 다시는 걱정하지 않도록 하나의 계시를 주셨던 것입니다.

두려움으로부터의
해방

그분은 조용히 흐느끼고 계셨다

1974년 겨울, 하나님께서는 내게 성령님의 속성에 대해, 그리고 왜 아버지와 아드님께서 성령을 신성 모독하는 자에게 〈극단적〉으로 경고하셨는지 알게 해주셨습니다.

성령 하나님께서 방 안에 계신다는 것을 직감적으로 알았을 때 나는 기도하는 중이었습니다. 나는 그분께서 흐느끼고 계신다고 느꼈습니다. 이상한 이야기 같지만, 내가 그것을 충분히 이해하지 못했다는 것은 인정합니다. 그러나 나는 그분의 임재와 그분께서 조용히 흐느끼고 계신다는 것을 알았을 때 무릎을 꿇고 있었습니다.

〈그분이 성령님이신 줄 어떻게 알았습니까?〉 하고 묻겠지요. 내게는 그 순간의 사실성에 대한 의문은 나의 구원에 대한 의문과 같습니다. 그 정도로 그 경험은 사실적이었습니다. 나는 그것을 잘 설명하거나 이해시킬 수는 없지만, 그것이 사실인 것은 잘 알고 있습니다.

그 체험이 너무나 사실적이었기에 나는 얼굴을 돌리고 〈성령님, 왜 흐느끼고 계십니까?〉 하고 여쭈웠습니다.

대답이 없으셨습니다. 그 순간 내 뺨으로 눈물이 흐르기 시작했습니다. 나는 눈물을 흘리면서 다시 그분께 여쭈웠습니다.「성령님, 왜 흐느끼고 계십니까?」

그런데 갑자기 나는 온몸으로 울기 시작했습니다. 눈물 정도가 아니라, 어떤 깨달은 사실로 인해 탄식하며 울기 시작한 것입니다. 감정은 마음속 깊은 데서부터 오고 있었습니다. 아들이나 딸자식을 금방 잃어버린 사람처럼 가슴이 터질 것만 같았습니다.

깊은 흐느낌은 멈추질 않았습니다. 나는 밤새 흐느꼈으며 잠을 이룰 수가 없었습니다. 몇 시간이 아니라 며칠씩 계속되었습니다. 전혀 예기치 않았던 상황이었으며 왜 그렇게 울음을 억제할 수 없는지 진실로 이해할 수가 없었습니다. 그러한 일은 3주가 넘도록 계속되었습니다.

짐은 점점 무거워져만 갔습니다. 누군가가 수백 킬로그램의 짐을 내 등에다 지우고 끈으로 꼭꼭 묶어 놓은 것 같은 느낌이었으며, 혼자 그 고통을 감당하도록 내버려진 것 같았습니다. 무거운 근심 같은 짐이 나를 압박하고 있었다고 표현할 수밖에 없습니다.

마루 위를 걸으며
나는 다음 시편의 저자와 같은 느낌을 가졌습니다.

나는 탄식만 하다가 지치고 말았습니다. 밤마다 짓는 눈물로 침상을 띄우며, 내 잠자리를 적십니다. (시편 6편 6절)

나는 마루 위를 걸으며 그 이유를 찾으려고 애썼으나, 왜 그런지 알 수가 없어 근심만 더욱 커갔습니다. 나는 위를 쳐다보며 〈주님, 왜 그렇습니까?〉 하고 여쭈웠습니다. 이 설명할 수 없는 짐을 어깨에서 벗어 버리려고 나는 기도했습니다. 그 순간 전능하신 하나님께서는 그 무거운 짐이, 잃어버린 영혼을 위한 것이었음을 알려 주셨습니다. 전에는 전혀 없었던 일이었습니다.

성령님께 〈왜 흐느끼고 계십니까?〉 하는 물음으로 시작된 이 무거운 짐은 잃어버린 영혼을 찾아 그 삶을 변화시키는 일로 바뀌어 내게 한순간이 아니라 오늘날까지 남겨지게 되었습니다.

그 체험으로 인하여 나는 성령님께서 이 세상을 위하여 근심하고 계신다는 사실을 깨닫게 되었습니다. 그분께서는 하나님의 사랑을 널리 전할 종들을 찾고 계신다는 것을 눈물로써 알게 되었습니다. 하나님의 성령은 당신을 위해 일할 사람들이 필요하셔서 가슴이 찢어지도록 아파하고 계심을 믿게 되었습니다. 아마도 그 주간에 잃은 자를 위한 당신의 고뇌를 내게 언뜻 보여 주신 것 같습니다.

나, 베니 힌의 장래에 대한 질문은 의심할 여지 없이 명확한 답을 얻었습니다. 하나님 아버지와 아들과 성령님에 대한 메시지를 전파하여야 한다는 것을 나는 깨닫고 있었습니다. 그 이래로 나는 그 일을 중단 없이 계속하고 있습니다.

성령님은 당신이 사용하실 사람들을 찾는 데 너무나 특별하셔서, 그들에게 심장의 고동 소리까지 느끼게 하십니다. 여러분이 성령님께서 느끼시는 고통을 같이 느낀다면 그것은 여러분의 의식에 달라붙어 결코 여러분을 떠나지 않을 것입니다. 여러분은 성령님께서 사람을 필요로 하심을 볼 뿐 아니라 그 갈급하심이 이전보다 더하시다는 것을 느낄 것입니다.

그러나 하나님께서 그 교훈을 통해서 내게 주신 또 다른 이유가 있음을 나는 알고 있습니다. 그것은 성령님께서 왜 삼위일체 중의 한 분이신지, 왜 성부 하나님이나 성자 하나님과는 다른 분이신지를 알도록 나의 눈을 열어 주었습니다. 그리고 그것으로 나는 〈용서할 수 없는 죄〉라는 수수께끼를 풀어 갈 수 있었습니다.

모욕과 비방

정확히 성경에는 무엇이라고 쓰여 있습니까?

예수님께서 바리새인들에게 말씀하시기를, 〈나와 함께하지 않는 사람은 나를 반대하는 사람이요, 나와 함께 모으지 않는 사람은 헤치는 사람이다. 그러므로 내가 너희에게 말한다. 사람들이 무슨 죄를 짓든지, 무슨 신성 모독적인 말을 하든지, 그들은 용서를 받을 것이다. 그러나 성령을 모독하는 것은 용서를 받지 못할 것이다〉(마태복음 12장 30~31절)라고 하셨습니다. 그리고 이어서 분명하게 말씀하셨습니다. 「또 누구든지 인자를 거슬러 말하는 사람은 용서를 받겠으나, 성령을 거슬러 말하는 사람은, 이 세상에서도 오는 세상에서도, 용서를 받지 못할 것이다.」(마태복음 12장 32절)

훼방(신성 모독)이란 단어는 무슨 뜻을 포함하고 있습니까? 거기에는 여러 가지 의미가 있습니다.

험담하다
욕하다(조롱하다)
비난하다 — 꾸짖다, 신성을 모독하다
비방하다 — 명예를 훼손하다
중상하다 — 거짓 비난하다
모욕하다

여러분은 〈어떻게 성령님을 비방합니까?〉, 〈어떻게 그분을 모욕합니까?〉 하고 묻겠지만, 그것은 고의적인 행동을 말합니다. 히브리서에서는 이 점을 직접 지적하고 있습니다.

우리가 진리에 대한 지식을 얻은 뒤에도 짐짓 죄를 짓고 있으면, 속죄의 제사가 더 이상 남아 있지 않습니다. 남아 있다고 예상할 수 있는 것은 무서운 심판과 반역자들을 삼킬 맹렬한 불뿐입니다. 모세의 율법을 어긴 사람도 두세 증인의 증언이 있으면 가차없이 사형을 받는데, 하나님의 아들을 짓밟고, 자기를 거룩하게 해 준 언약의 피를 대수롭지 않게 여기고, 은혜의 성령을 모욕한 사람은, 얼마나 더 무서운 벌을 받아야 하겠는가를 생각해 보십시오.(히브리서 10장 26~29절)

이어서 다음과 같이 단호하게 경고하십니다.「〈원수를 갚는 것은 내가 할 일이니, 내가 갚아 주겠다〉 하고 말씀하시고, 또 〈주님께서 그의 백성을 심판하실 것이다〉 하신 분을, 우리는 알고 있습니다. 살아 계신 하나님의 징벌하시는 손에 떨어지는 것은 무서운 일입니다.」(히브리서 10장 30~31절)

놀라운 차이

성령님에 대한 훼방은 왜 용서받지 못합니까? 이제 성경에서 성령님은 독특한 점, 즉 차이가 있다고 한 것의 의미를 여러분과 함께 나누고 싶습니다. 아버지 하나님이나 성자 하나님보다 높지도, 낮지도 않으신 그분의 개성을 우리는 알아야만 합니다.

전능하신 아버지 하나님은 하늘에 계신 위대한 하나님이시므로 예배를 드려야 하고 찬양을 드려야 하며, 영광을 드리고 찬미와 높임을 드려야 합니다. 그의 아들 예수님은 천사들도 쳐다보기를 두려워하는 영광의 주님이십니다. 그리고 성령님은, 그분만의 것으로 알려진 인간의 감정들을 느끼실 수 있다고, 즉 고통받으시고 근심하시고 고뇌하실 수 있다고 나는 항상 느낍니다.

「성령님께서는 아버지나 아들과는 다른 방법으로 마음의 아픔을 느끼실 수 있다고 이야기하는 것입니까?」 이렇게 여러분은 묻겠지요. 성경에서는 〈하나님, 혹은 예수님을 근심케 말라〉라고 말하지 않습니다. 언제나 〈성령님을 근심케 말라〉라고 말하고 있습니다. 왜 그럴까요. 그분은 삼위일체 하나님의 다른 두 분과는 약간 다르게, 깊고 심오한 감정의 영향을 받으시기 때문이라고 믿습니다.

예수님께서 〈인자에 대한 거역은 용서를 받되〉 그러나 〈성령님에 대한 거역은 용서하심을 얻지 못하리라〉라고 말씀하신 사실은 성령님께서 마음의 상처를 입으실 수 있다는 것을 의미합니다.

왜 아버지 하나님께서 〈너희는 나의 영을 상하게 하였도다〉하고 말씀하시겠습니까? 즉, 하나님의 성령은 괴롭힘과 고통을 당하십니다. 성경에는 〈그들은 반역하고, 그의 거룩하신 영을 근심하게 했습니다. 그러므로 그는 도리어 그들의 대적이 되셔서, 친히 그들과 싸우셨습니다〉(이사야 63장 10절)라고 기록되어 있습니다. 왜 성령님께서는 그토록 보호를 받으셔야만 하는 것일까요? 아비지 하나님께서는 성령님이 아주 부드러우신 분인 줄을 아시기 때문일 것입니다. 그것은 마치 아버지 하나님께서 〈만약 너희가 그분에게 상처를 주면, 너희를 용서치 않으리라〉 하고 말씀하시는 것과 같습니다.

예수님께서 〈성령을 모독하는 사람은 용서를 받지 못하고, 영원한 죄에 매인다〉(마가복음 3장 29절) 하고 말씀하신 것처럼, 왜 성령님께서는 그렇게 그리스도에 의해서 보호를 받고 계십니까? 왜냐하면 성령님은 독특한 분이시며 그분의 마음은 아주 쉽게 고통을 느끼시기 때문입니다.

그러나 여러분에게 안위의 말을 한마디 할까요? 예수님께서 신성 모독에 대한 말씀을 하시기 전에 다시 한번 살펴야 할 굉장히 중요한 말씀을 하셨습니다. 「나와 함께하지 않는 사람은 나를 반대하는 사람이요, 나와 함께 모으지 않는 사람은 헤치는 사람이다.」(마태복음 12장 30절)

여러분께서 그리스도를 위해 일한다면, 여러분은 그분의 경고를 받지 않습니다. 주님께서는 신성 모독에 대해 말씀하실 때, 그분과 같이 일하지 않는 자에게 충고하신 것임을 아주 분명히 밝히셨습니다.

여러분 자신에게 물어보십시오. 〈주님과 나는 함께하고 있는가?〉, 긍정적인 대답이면 다시 〈그러면 나의 영혼을 주님께 드리고 있는가?〉 하고 물어보십시오. 그래도 긍정적인 대답을 얻으면 〈나는 결코 성령님을 훼방하지 않으리라〉라고 말할 수 있을 것입니다.

여러분은 걱정합니까?

한번은 한 10대 소녀가 내게 와서 자신이 성령님을 훼방하였다고 상담한 적이 있습니다.

「정말 걱정하고 있어요?」

「네.」 그녀는 고민스럽게 나를 쳐다보면서 대답했습니다.

「당신이 걱정하고 있다는 사실 자체가 성령님을 훼방하지 않았다는 것을 뜻하지요.」

여러분, 훼방은 걱정을 동반하지 않는 의지의 행동입니다. 훼방이란 예수님을 저주하며 〈그가 무엇을 했든지 나와는 상관없어〉 하고 말하는 것입니다. 〈귀중한 피라고 누가 알아 주나?〉 하고 말하는 것입니다. 훼방은 하나님께서 하신 일과 하고자 하시는 일을 모욕하는 것입니다.

「베니, 어떻게 내가 절대 그러한 죄를 짓지 않았다고 안단 말이오?」 여러분은 이렇게 말하겠지요. 여러분이 그런 죄를 절대 짓지 않기를 원한다면, 여러분은 이미 그렇게 되지 않은 것입니다.

그리스도께서 어떻게 말씀하셨는지 자세히 봅시다. 그리스도께서 성령님을 거역하여 〈말로〉 하는 자는 용서함을 받지 못한다고 말씀하셨습니다. 그 단어가 예수님의 메시지에서 아주 중요합니다. 〈말로〉 하는 것은 잘 생각하고 나타낸 행동을 가리킵니다. 태만한 생각 이상의 것입니다. 여러분의 몸 전체가 한마디 말하는 행동에 포함됩니다.

만약 성령님께서 훼빙을 받으셨다면, 그분을 신성 모독하기로 작정한 자들에게 비난을 받으셨다는 것입니다.

어디에 사탄이 관련되어 있습니까? 사람들을 많이 대하고 있는 사역자로서 나는 마귀가 어떻게 사람들에게 와서 성령님에 대한 악한 생각을 그들의 마음속에 채우려고 노력하는지 잘 알고 있습니다. 마귀가 여러분보다 못하다고 생각합니까? 여러분에게도 일어날 수 있는 일입니다.

여러분이 전혀 원하지 않는 것이 여러분의 마음속에 부당하게 들어왔던 적은 없습니까? 누가 그런 악한 생각을 여러분에게 넣어 주었습니까? 물론 사탄입니다. 그런 사실을 밖으로 크게 말하였습니까? 아니지요. 여러분이 침묵을 지켰던 것은 그것이 여러분의 생각이 아니었기 때문입니다. 성령님을 거역하여 말하는 자는 훼방하기로 작정한 자입니다. 〈나는 훼방하고 말 거야, 하나님이 어떻게 생각하시든 나와는 상관없어〉 하고 말하는 바로 그런 사람입니다.

사울이 하나님의 말씀을 거역했을 때 그는 성령님을 훼방하였던 것입니다. 바울의 한 동료였던 데마는 육을 갈망하여 복음을 등지고 세상으로 돌아가 성령님을 훼방하였습니다. 바울은 〈데마는 이 세상을 사랑해서 나를 버리고 데살로니가로 가고〉(디모데후서 4장 10절)라고 말했습니다.

그분을 떠나시게 하지 마십시오

「우리는 성령님을 신성 모독할 수 없다고 당신은 말하고 있습니다. 사울과 데마는 어떻게 된 것입니까?」 여러분은 이렇게 묻겠지요. 내가 말하는 요점은 여러분이 예수님을 위하여 살기로 결정하고 그렇게 노력하는 한 여러분은 신성 모독을 하지 않는다는 것입니다.

그리스도와 함께 시작했던 사람이 사탄과 함께 마친다면 영생으로 가는 길은 어긋나고 맙니다. 천국 맨션 보증서만을 사고자 하는 자처럼 설교자와 악수하는 자들이 있습니다. 그들의 마음은 자신들의 행동을 따르지 못합니다. 그런 사람들은 곧 세상에 대한 갈망과 돈과 환락을 사랑하는 데 빠지게 됨을 여러분은 볼 것입니다. 그리고 그들은 말할 것입니다. 「하나님, 저는 떠납니다.」

〈성령님께서 아직도 저와 함께하고 계신다는 것을 어떻게 알까요? 그분이 언제 떠나시는지 어떻게 알 수 있을까요?〉 하고 여러분은 궁금해하겠지요.

여러분을 공격하면서 〈성령은 떠났다. 그는 영원히 가버렸어. 다시는 돌아오지 않아!〉 하는 생각을 갖게 해주는 것이 사탄의 간계입니다.

그런 것은 받아들이지 마십시오. 여기에 성령님께서 아직도 여러분과 함께하고 계심을 알 수 있는 방법이 있습니다. 이것은 나에게도 큰 도움이 되었으며 여러분에게도 그럴 것이라고 믿습니다.

첫째, 성령님은 모든 믿는 자의 곁에서 보혜사로서, 평안의 근원으로서 머무르고 계심을 성경은 말해 주고 있습니다.

둘째, 여러분은 삶 속에서 예수님의 임재를 믿습니까? 그렇다면, 성령님은 떠나지 않으신 것입니다. 아직도 성령님께서 말씀하시는 〈기도하라〉라는 음성이 들려옵니까? 그러면 그분은 떠나지 않으셨습니다. 그분은 여러분을 설득하고 계십니다. 여러분이 어떤 사람을 만났을 때 예수님에 관해서 이야기하고 싶은 충동이 있었습니까? 그렇다면 그분은 아직 여러분과 함께 계신 것입니다.

예수님께서는 〈성령님께서 너희와 영원히 함께하리라〉 하신 것과 모순되는 말씀을 하시지 않습니다. 예수님은 성령님의 역할이 영구적이라는, 심지어 영원하리라는 사실을 말씀하셨습니다. 만약 여러분이 성령님을 훼방하면 성령님께서 떠나신다는 것을 여러분도 알고 있습니다. 그러나 설령 여러분이 성령님을 근심시킬지라도, 그분은 떠나시지 않습니다. 여러분이 그분을 상하게 할지라도 그분은 남아 계십니다. 크리스천 대부분이 날마다 성령님을 근심시킨다고 나는 믿고 있습니다. 한 인간으로서 나도 그렇습니다.

교회의 죄는 성령님을 근심케 하는 데 있습니다. 그래서 바울은 교회에 편지했습니다. 「성령을 근심케 말라.」 그는 이 말씀을 믿지 않는 자들에게 한 것이 아닙니다.

만약 내가 실패한다면?

〈어떻게 하면 우리가 성령님을 근심시키게 될까요?〉 하고 여러분은 묻겠지요. 여러분이 용서하지 않을 때 여러분은 그분을 근심시키는 것입니다. 여러분이 추하고 잘못된 말을 할 때도 그분을 근심시킵니다. 여러분은 매일 〈성령님 축복해 주십시오. 오늘도 당신을 근심시키지 않도록 저를 도와주세요〉라고 기도하여야 합니다.

여러분이 실패한다면 어떻게 될까요? 그분은 다시 한번 여러분한테서 〈제발 저를 용서해 주십시오〉라는 말을 듣고자 간절히 원하실 것입니다. 그리고 그분은 일흔 번씩 일곱 번이라도 여러분을 용서하시고 씻어 주실 것입니다.

성령님은 너무나 점잖으셔서 조그만 상처라도 그분에게 고통을 드립니다. 여러분이 그분을 알면 알수록 여러분은 그분의 마음을 더 잘 이해할 것입니다. 나는 아주 많은 시간 동안 눈물을 흘리며 〈성령님, 심려를 끼쳐 드려서 죄송합니다. 잘못했습니다. 그러나 제발, 제발 저의 곁에 남아 주세요〉 하고 말씀드렸습니다. 〈저를 책망해 주세요. 그러나 저에게 가라고 하지는 말아 주세요〉 하고 말씀드린 적도 많습니다. 주님은 사랑하시는 자를 징계하십니다. 그것은 〈나는 너를 사랑해〉라고 말씀하시는 것과 같습니다.

용서하지 않은 채로 있는 사람은 성령님을 괴롭히는 것과 같다고 나는 믿습니다. 베드로가 그리스도에게 말했습니다. 「주님, 내 형제가 나에게 자꾸 죄를 지으면, 내가 몇 번이나 용서하여 주어야 합니까? 일곱 번까지 하여야 합니까?」(마태복음 18장 21절)

주님께서 대답하셨습니다. 「일곱 번만이 아니라, 일흔 번을 일곱 번이라도 하여야 한다.」(마태복음 18장 22절) 그리고 주님께서 용서하지 않는 종에 대한 비유를 들어 주셨는데, 《내가 너를 불쌍히 여긴 것처럼, 너도 네 동료를 불쌍히 여겼어야 할 것이 아니냐?》 주인이 노하여, 그를 형무소 관리에게 넘겨주고, 빚진 것을 다 갚을 때까지 가두어 두게 하였다〉(마태복음 18장 33~34절)라고 경고하셨습니다.

그리스도께서는 〈너희가 각각 진심으로 자기 형제자매를 용서해 주지 않으면, 나의 하늘 아버지께서도 너희에게 그와 같이 하실 것이다〉(마태복음 18장 35절) 하고 결론지어 말씀하셨습니다.

그것이 성령님께서 영구적으로 물러서신다는 뜻입니까? 아닙니다. 하나님께서 용서하시지 않는 자에게서는 보호의 손을 떼신다는 것입니다. 성령님을 완전히 훼방하는 자는 사탄의 귀신들로 채워집니다. 여러분은 〈베니, 당신은 성령으로 충만된 크리스천에게 귀신이 들어올 수 있다고 믿으세요?〉 하고 묻겠지요. 절대로 그렇지 않습니다.

주님께 신앙을 고백한 자라도 주님을 위하여 살지 않는다면, 다시 말해 용서함 없이 사는 자라면 귀신의 영향을 받을 수 있다는 것입니다. 그들은 어두움의 세력에게 괴롭힘을 당하며 억압을 당하지만, 그래도 귀신에 들려 있지는 않습니다.

예를 들자면, 베드로가 〈주님, 죽지 마소서〉 하고 말씀드릴 때 예수님께서 〈사탄아 내 뒤로 물러가라〉라고 명하셨습니다. 베드로는 사탄에 들린 것이 아니었습니다. 단지 그의 영향을 받고 있었습니다. 거기에 큰 차이가 있는 것입니다.

예수님께서 성령을 통하여 〈내가 너희를 결코 떠나지 않겠고, 버려두지 아니하리라〉 하고 말씀하셨습니다. 형제 여러분, 이것은 좋은 소식입니다. 중요한 것은 사탄이 우리에게 무엇을 하느냐가 아니라 주님께서 우리에게 무엇을 하시고자 하는지를 아는 것입니다.

혼자서는 할 수 없습니다

여러분의 궁극적인 열망은 여러분의 영과 혼과 육으로 하나님을 사랑하는 것이라고 확신합니다. 그러나 여러분의 열망이 얼마나 강하든지 간에 여러분 혼자 힘으로는 그 목표를 달성하는 것이 절대 불가능합니다. 그러므로 여러분이 성령님께 〈성령님, 저를 도와주실 것을 부탁드립니다〉 하고 도움을 구하는 것은 불가피한 것입니다.

바울은 로마서에서 〈이 희망은 우리를 실망시키지 않습니다. 하나님께서 우리에게 주신 성령을 통하여 그의 사랑을 우리 마음 속에 부어 주셨기 때문입니다〉(로마서 5장 5절)라고 말하고 있습니다.

확실히 우리는 그리스도를 사랑하기를 원하고 있습니다만, 성령님이 우리에게 자연적인 사랑을 주시지 않는다면 불가능합니다. 어떻게 그것을 받겠습니까? 여러분은 단지 〈성령 하나님, 저는 당신께 순복합니다〉 하고 말씀드리면 됩니다. 그 결단의 순간에 그분은 주님의 사랑을 여러분의 영혼에 쏟아부어 주실 것입니다.

여러분이 성령님을 더 깊이 알고자 하면 할수록 예수님을 더 깊이 알게 될 것입니다. 자동적인 관계입니다. 왜냐하면 성령님이 임재하실 때, 그리스도께서 높임을 받으시기 때문입니다. 예수님께서 〈그가 내 영광을 나타내리라〉고 말씀하셨습니다. 주님께서 옆으로 밀쳐 내어지시는 것이 아니라, 더욱 우리에게 가까이 다가오시는 것입니다.

바울은 〈그러므로 그리스도 예수 안에 있는 사람들은 정죄를 받지〉(로마서 8장 1절) 않는다고 말하였습니다

여러분, 성령님을 따라 걷는다는 것이 진정 무엇을 의미하

는지 이해하겠습니까? 성령님께서 〈기도하라〉 하시면, 여러분은 그렇게 해야 합니다. 그분께서 〈증거하라〉 하시면, 여러분은 그렇게 해야 합니다. 그러면 여러분은 성령님을 따라 걷는 것입니다.

성령 안에서 누리는
해방의 기쁨

일곱 가지 계시

불순종하는 것은 괴로움과 죄를 느끼게 합니다. 만약 여러분이 그분의 부르심에 순종하면, 여러분은 성령 안에서 해방의 기쁨을 누리게 될 것입니다.

「그것은, 그리스도 예수 안에서 생명을 누리게 하는 성령의 법이 당신을 죄와 죽음의 법에서 해방하여 주었기 때문입니다.」(로마서 8장 2절)

구약에서 율법을 주시는 분은 아버지 하나님이셨습니다. 신약에서 계명을 주시는 분은 성령님이십니다. 하나님께서 옛적에 모세를 통해서 율법을 주신 것처럼 예수님께서는 성령을 통하여 지시를 내리셨습니다(사도행전 1장 2절).

사도 바울이 로마서 8장에 기록한 대로 성령님 안에 거한다는 것은 엄청난 기쁨입니다. 특히 바울은 1절에서 16절까지의 말씀을 통해 일곱 가지 특별한 계시를 보여 주고 있습니다.

아마 성경의 어느 곳에서도 성령님의 사역을 그토록 분명하게 설명한 곳은 없을 것입니다.

첫째, 죄를 덮는 능력이 있습니다. 생명의 성령의 법은 여러분에게 죄와 사망으로부터 해방을 줍니다(1~2절). 여러분은 죄를 지배하게 될 것입니다.

둘째, 성령님은 율법의 요구를 이루십니다. 「육신으로 말미암아 율법이 미약해져서 해낼 수 없었던 그 일을 하나님께서 해결하셨습니다. 곧 하나님께서는 자기의 아들을 죄된 육신을 지닌 모습으로 보내셔서, 죄를 없애시려고 그 육신에다 죄의 선고를 내리셨습니다.

그것은, 육신을 따라 살지 않고 성령을 따라 사는 우리가, 율법이 요구하는 바를 이루게 하시려는 것입니다.」(3~4절) 모세의 율법을 이룸으로써 우리는 지금 성령 안에서 해방을 얻게 되었습니다.

셋째, 성령님은 여러분에게 하나님의 생각을 주십니다. 「육신을 따라 사는 사람은 육신에 속한 것을 생각하나, 성령을 따라 사는 사람은 성령에 속한 것을 생각합니다. 육신에 속한 생각은 죽음입니다. 그러나 성령에 속한 생각은 생명과 평화입니다. 육신에 속한 생각은 하나님께 품는 적대감입니다. 그것은 하나님의 법을 따르지 않으며, 또 복종할 수도 없습니다. 육신에 매인 사람은 하나님을 기쁘게 해드릴 수 없습니다.」(5~8절)

넷째, 성령님은 여러분에게 의로움을 주십니다. 「그러나 하나님의 영이 여러분 안에 살아 계시면, 여러분은 육신 안에 있지 않고, 성령 안에 있습니다. 누구든지 그리스도의 영이 없으면, 그리스도의 사람이 아닙니다. 또한 그리스도께서 여러분 안에 살아 계시면, 여러분의 몸은 죄 때문에 죽은 것이지만, 영은 의 때문에 생명을 얻습니다.」(9~10절)

다섯째, 성령님은 여러분의 몸 안에 생명을 주십니다. 「예수를 죽은 사람들 가운데서 살리신 분의 영이 여러분 안에 살아 계시면, 그리스도를 죽은 사람들 가운데서 살리신 분께서, 여러분 안에 계신 자기의 영으로 여러분의 죽을 몸도 살리실 것입니다.」(11절)

만약 여러분이 성령님의 발자취를 따른다면 여러분은 건강하게 살아갈 것입니다. 여러분의 육체는 생기를 띠게 될 것입니다. 이사야 선지자가 〈오직 주님을 소망으로 삼는 사람은 새 힘을 얻으리니〉(이사야 40장 31절) 함과 같습니다. 형제 여러분, 성령님은 죽을 몸에 생기를 부어 주시는 분이기 때문에 성령님 없이는 새로운 힘을 얻을 수 없습니다.

여섯째, 성령님은 여러분 자신을 죽일 수 있게 하십니다. 「그러므로 형제자매 여러분, 우리는 빚을 지고 사는 사람들이지만, 육신에 빚을 진 것이 아닙니다. 우리는 육신을 따라 살아야 할 존재가 아닙니다. 여러분이 육신을 따라 살면, 죽을 것입니다. 그러나 여러분이 성령으로 몸의 행실을 죽이면, 살 것입니다. 하나님의 영으로 인도함을 받는 사람은, 누구나 다 하나님의 자녀입니다.」(12~14절)

일곱째, 성령님은 여러분의 구원을 증거하십니다. 「여러분은 또다시 두려움에 빠뜨리는 종살이의 영을 받은 것이 아니라, 자녀로 삼으시는 영을 받았습니다. 그래서 우리는 그 영으로 하나님을 〈아빠, 아버지〉라고 부릅니다. 바로 그때에 그 성령이 우리의 영과 함께, 우리가 하나님의 자녀임을 증언하십니다.」(15~16절)

바울은 아버지 하나님과 아들의 일을 하시는 분이 성령님이시라고 구구절절마다 말하고 있습니다. 또한 〈무릇 하나님의 영으로 인도함을 받는 그들은 곧 하나님의 아들이라〉라는 영광의 말씀을 읽을 때마다 나는 흥분이 됩니다.

하나님은 여러분이 따르도록 준비된 길에서 옆길로 빗나가는 것을 원하시지 않습니다. 하나님은 여러분이 실패하는 것을 보시기 위해 여러분을 창조하지 않으셨습니다. 그렇기 때문에 여러분이 성령님을 훼방함으로써 용서할 수 없는 죄를 저지르지 않도록 경고하셨습니다.

그리스도에 대한 여러분의 사랑은 사탄의 힘을 누르고도 남기에 그 싸움은 벌써 이긴 거나 마찬가지입니다. 성령님은 여러분과의 개인적인 깊은 관계를 갖기를 고대하고 계십니다.

나의 혼이 끝없는 가슴 저림으로 흐느낄 때에, 성령님께서는 인내함으로 기다리셨습니다. 그분의 짐은 나의 짐이 되었고, 그 체험은 결코 사라지지 않는, 영혼을 위한 열정을 내게 주었습니다.

그분은 나에게 능력을, 충만함을, 의로움을, 성령이 인도하시는 삶을, 그리고 더 많은 것을 주시기 위하여 기다리셨습니다. 그리고 이제 성령님께서는 여러분을 기다리고 계십니다.

지상 위의
천국

.

1974년 말과 1975년 초에 걸친 나의 첫 〈설교〉는 큰 내용을 담고 있지 않았습니다. 그것은 성령님의 사역에 대한 나의 간증, 〈어떻게 성령님이 내게 그분 자신을 실제적으로 나타내셨는가〉를 기초로 했습니다. 그 당시 나는 별로 아는 것이 없었고 많은 것을 배워야만 했습니다.

그러나 1975년 토론토에서 매주 집회를 인도해 나갈 즈음 나는 내게 말씀하시는 성령님의 놓칠 수 없는 음성을 듣고 있었습니다. 성령님께서 〈나를 따르라, 나의 음성을 들으라, 그리하면 너는 많은 사람을 그리스도께 인도할 것이다〉라고 말씀하셨습니다.

그렇게 나는 시작했습니다. 5년간이나 월요일 밤마다 일련의 집회를 계속 가졌습니다. 처음에는 고등학교 강당을 빌려 시작했는데, 회중이 점점 모여들어 우리는 더 큰 장소로 옮겨 가야만 했습니다. 수백 수천 명이 집회에 참석하였던 것입니다.

예배는 완전히 성령님에 의해 인도되었으며, 그리고 나는 항상 그분의 음성을 아주 가까이에서 들었습니다. 많은 사람이 심한 중독에서 놓여났으며, 수많은 가족이 재결합하였습니다. 항상 수많은 사람이 치유를 받기 위해 줄을 서서 기다렸으며, 이적들에 대한 간증은 그칠 날이 없었습니다. 그러나 언제나, 언제나, 예배는 잃어버렸던 영혼을 구원하는 것으로 끝이 났습니다.

그런데 무언가 다른 일이 일어났습니다. 앉은자리에서 사람들이 이적을 체험하고, 자유함을 얻고, 치유를 받기 시작했습니다. 〈안수〉를 위한 줄이 없어졌습니다. 하나님께서 전 강당을 통하여 일하시기 시작했습니다. 너무나 많은 일이 자연스럽게 일어났기에 모든 간증을 들을 시간이 없었습니다.

신문사들은 서서히 이 사실을 눈치채기 시작했으며, 곧 캐나다 전역에 배달되는 『도론토 스타』나 『글로브 앤드 메일』 등 큰 일간지의 전면에 우리가 인도하는 〈기적의 집회〉에 대한 이야기가 실리게 되었습니다.

성령님의 음성을 따르라

기적의 집회

1976년 12월 『글로브 앤드 메일』은 한 집회에 기자를 보내어 무슨 일이 일어나고 있는지 자세히 보도하기도 하였습니다. 기자는 치유와 간증에 대한 이야기를 썼으며 나의 다음 말을 인용하는 것으로 기사를 끝맺었습니다. 「저는 베니 힌을 나타내는 데 관심이 없습니다. 앞으로도 그럴 것입니다. 오직 예수님만이 나타내지셔야 하며 높임을 받으셔야 합니다. 우리는 우리의 영혼을 주 예수님께 바치기를 원합니다. 저는 영혼, 영혼, 영혼 들을 보고 싶을 뿐입니다. 이해하시겠습니까?」

〈신앙은 참으로 신유의 역사를 가져오는가?〉라는 제목 아래 배달되는 『토론토 스타』는 우리의 집회에서 치유받은 네 사람의 경우를 보도했습니다. 그중의 한 사람은 오샤와의 GM 자동차 공장에서 교대조로 일하는 후두암에 걸린 노동자였습니다. 「이번 주일 암 센터에서 검사를 받았는데 악성 종양이 흔적도 없이 사라졌다고 했습니다.」

비버튼에 사는 한 트럭 운전사는 이렇게 말했습니다. 「교회에는 다니지 않았고 7년간 출혈이 있는 심장병과 폐 공기증으로 고생했습니다. 그러던 어느 날 신유 집회에 참석했던 친구의 설득으로 나가기 시작했는데, 집회 3일 후 의사에게 갔더니 의사는 아무 증세를 발견할 수 없다고 말했지요. 하나님께서 고쳐 주신 것이 틀림없습니다.」

그 사람의 담당 의사의 반응도 인용했습니다. 「보세요, 우리가 상상할 수 없는 일들이 이 세상에서는 얼마든지 일어나고 있습니다.」

텔레비전 방송국에서도 하나님의 사역을 녹화하기 시작했

습니다. 캐나다 공영 방송 CBC와 민간 방송인 CTV와 글로벌 TV 등에서도 특별 프로그램을 만들었습니다.

1년 6개월에 걸쳐 우리의 프로그램을 방영하기로 하였습니다.

피츠버그의 노란 택시

1979년 대도시 토론토를 떠나는 일은 쉬운 일이 아니었습니다. 그곳은 내가 구원받은 곳이기도 하며, 치유받은 곳이었고, 전능하신 성령 하나님과 만난 장소였습니다. 보도 매체들은 좋은 소식만 전해 주었습니다. 그러나 다시 한번, 나는 성령님의 인도를 따르겠다고 약속했습니다.

성령님께서는 내가 교회를 세우고 국제적인 복음 사역을 하기를 원하신다는 것을 나는 알고 있었습니다. 1977년 성령님은 내게 말씀하셨는데, 어느 곳에서였는지를 정확히 기억하고 있습니다. 피츠버그를 다시 둘러볼 때 커다란 노란 택시 안에서 성령님과 그 일에 관해 이야기를 나누었습니다. 성령님은 나의 복음 사역에 대해 〈세계를 상대할 것이다〉라고 말씀하셨습니다.

「어디입니까? 뉴욕? 로스앤젤레스?」 그러나 여러분 알고 있지요. 성령님은 놀라운 방법으로 여러분을 인도하고 계신다는 것을 말입니다.

1978년 7월 로이 하던 목사와 만나기 위해 미국 플로리다주 올랜도에 간 일이 있었습니다. 그는 미주리주 스프링필드에 있는 신학 대학에 다니던 자신의 딸 수전에 대해 이야기했습니다. 그녀가 아직 미혼이라는 데 귀가 번쩍 뜨였습니다.

나는 수전이 집에 와 있던 크리스마스 방학 때에 그 집에 다시 초대되었습니다. 처음 그녀를 보았을 때 주님께서는 〈너의 아내가 될 거야〉 하고 말씀하셨습니다. 나도 그렇게 느꼈고, 그녀도 그랬습니다.

그러나 나는 확신이 필요했기 때문에 하나님께 〈사인 sign〉을 보내 달라고 요구하기 시작했습니다. 나는 많은 요구를 했는데 모두 응답을 받았습니다. 〈우연의 일치인가 아니면 정말로 하나님께서 내가 이 사람과 결혼하기를 원하고 계신 것인가?〉 하는 생각도 들었습니다. 그래서 조금 어렵게 생각되는 마지막 사인을 요구하기로 마음먹었습니다.

나는 1979년 1월 1일 캘리포니아주 산호세에서 올랜도행 비행기를 타고 있었습니다. 그곳에서 새해 첫 저녁 예배를 인도하기 위한 짧은 여행이었습니다. 나는 비행기 안에서 하나님께 말씀드렸습니다. 「정말 그녀가 제 아내가 되도록 정하셨으면, 다음에 만날 때 그녀가 제게 〈당신을 위해 치즈 케이크를 만들었어요〉 하고 말하게 해주십시오.」 내가 생각했던 것 중에서 제일 어려운 기도라고 생각했습니다.

수전은 올랜도 공항에 마중 나왔는데 나에게 건넨 그녀의 첫마디는 〈베니, 당신을 위해 치즈 케이크를 만들었어요〉였습니다. 그리고 이렇게 덧붙였습니다. 「너무 기대하지 마세요. 난 전에 치즈 케이크를 한 번도 만들어 본 적이 없거든요.」

그 후 2주 안에 우리는 약혼을 했고, 그해 말에 결혼식을 올렸습니다.

시간이 지남에 따라, 모든 사인이 세계적 사역을 담당할 장소인 플로리다주의 올랜도로 향하고 있음을 알게 되었습니다. 1983년, 많지 않은 사람으로 올랜도 크리스천 센터가 시작되었습니다. 이제 그곳은 매주 수천 명의 삶에, 게다가 미국 내의 TV 시청자들에게까지 영향을 끼치고 있습니다.

그분은 당신을 나타내시는 분이 아니다

솔직히 내가 처음 성령님과의 관계를 시작할 때 그분이 어디에서부터 나의 삶을 인도하셨는지는 모릅니다. 내가 아는 것은 그분이 실제로 계시며 나와의 친교를 원하고 계신다는 것뿐이었습니다. 그분은 나의 스승이자 인도자가 되길 원하셨습니다.

또한 여기서 내가 깨달은 것이 있습니다. 성령님은 결코 당신을 나타내시지 않는다는 것입니다. 그분은 예수님을 나타내십니다. 그분은 결코 당신을 위하여 대단한 자리를 마련하시지 않습니다. 그분은 주님께 모든 영광을 드립니다.

나는 또한 성령님께서 은사의 근원이 아니시라는 것을 배웠습니다. 그분은 주시는 분, 즉 하나님 아버지로부터 여러분이 받을 수 있도록 도와주시는 분입니다. 그분은 또한 여러분이 여러분의 구주로서 예수님을 받아들일 수 있도록 도와주시는 분입니다.

성령님이 지불하신
여러분의 청구서

성령님의 목적

믿지 않는 사람일지라도 성령님의 능력을 감지할 때가 있습니다. 나는 수많은 사람이 변화를 경험한 적이 있음을 압니다. 많은 사람이 내게 말합니다. 「설명할 수 없지만 무언가가 일어났습니다. 내가 지금까지 하던 일이 불쾌하게 느껴졌습니다.」 그렇게 성령님께서는 우리 죄를 깨닫게 하시는 것입니다.

주님께서 말씀하셨습니다. 「생명을 주는 나의 영이 사람 속에 영원히 머물지는 않을 것이다.」(창세기 6장 3절) 성령님께서 여러분에게 주님이 필요하다는 것을 알려 주시려고 할 때 영적인 싸움이 진행됩니다. 그렇기 때문에 사람들이 구원되기 전에는 하나님의 임재 안에서 편안하지 않습니다.

사실 성령님은 예수님을 위한 증인이십니다! 「내가 아버지께로부터 너희에게 보낼 보혜사 곧 아버지께로부터 오시는 진리의 영이 오시면, 그 영이 나를 위하여 증언하실 것이다.」(요한복음 15장 26절) 성령님의 궁극적인 목적은 사람들을 그리스도께 인도하시는 것입니다.

성령님은 우리로 하여금 죄를 깨닫게 하시며 설득시키십니다. 복음 집회에 참석했던 사람들을 만나 보면, 성령님에 의해서 〈쫓기고〉 있음을 느낄 수 있습니다. 그들은 자신들의 죄에 대해 비참함을 느끼고 있으며, 무엇인가가 자신들의 마음을 계속해서 잡아당기는 것을 느끼고 있었습니다. 성령님은 예수님을 통해서 하나님과 화목해질 때까지 그들을 내버려두지 않으십니다.

그분은 여러분의 마음속에 들어가셔서 성경의 진실성을 보이시며, 복음의 타당성을 설득하십니다. 그리고 그분은 여러분이 마음을 온전히 그리스도께 드린 후에도 주님을 위한 증거자인 여러분을 도우십니다. 미가 선지자는 이렇게 기록했습니다.

그러나 나에게는, 주님께서 주님의 영과 능력을 채워 주시고, 정의감과 함께, 야곱에게 그의 죄를 꾸짖고 이스라엘에게 그의 범죄를 꾸짖을 용기를 주셨다.(미가 3장 8절)

성령님은 여러분에게 복음을 전할 수 있는 능력을 주십니다. 사실 성령님께 의지하지 않고 하나님의 말씀을 선포하려고 하는 것은 아무 소용이 없는 일입니다.

저를 도와주세요!

여러분이 〈성령님, 예수님을 알게 도와주세요〉 하고 말씀드리면, 그분은 여러분을 실망시키지 않을 것입니다. 그분은 언제나 도우시려고 합니다. 시편에 나오는 이야기를 들어 봅시다. 「주님 앞에서 나를 쫓아내지 마시며, 주님의 성령을 나에게서 거두어 가지 말아 주십시오.」(시편 51편 11절) 바로 다음 구절에는 이렇게 씌어 있습니다. 「주님께서 베푸시는 구원의 기쁨을 내게 회복시켜 주시고, 내가 지탱할 수 있도록 내게 자발적인 마음을 주십시오.」(시편 51편 12절) 이처럼 성령님은 자진해서 일하십니다.

언제든지 여러분이 〈도와주세요〉 하면, 그분은 〈그럼, 하고말고〉 하고 대답하십니다.

여러분이 〈가르쳐 주세요〉 하면 〈다 준비되어 있어〉 하십니다.

여러분이 〈기도하도록 도와주세요〉 하면, 〈시작하지〉 하십니다.

그분은 바로 그곳에 함께 계시며 여러분이 기도하기를 원하고 계십니다. 그분은 아버지와 아들에 대한 이야기가 하고 싶으셔서 못 견디실 정도입니다. 바울은 다음과 같이 담대하게 기록했습니다. 「그러므로 나는 여러분에게 알려드립니다. 하나님의 영으로 말하는 사람은 아무도 〈예수는 저주를 받아라〉 하고 말할 수 없고, 또 성령을 힘입지 않고서는 아무도 〈예수는 주님이시다〉 하고 말할 수 없습니다.」(고린도전서 12장 3절) 여러분이 〈예수님은 주님〉 하고 노래하면 그것은 여러분의 마음속에서 우러나오는 것을 뜻하며, 또한 성령님이 여러분과 함께하심을 증명하는 것입니다. 성령님은 〈예수님은 온 세상의 주님!〉이라고 증거하도록 여러분을 사용하고 계십니다.

여러분이 그리스도의 돌아가심과 장사 지냄과 부활하심

을 고백할 때 여러분은 성령님의 임재를 알게 되는 것입니다. 성경에는 〈여러분은 하나님의 영을 이것으로 알 수 있습니다. 곧 예수 그리스도께서 육신을 입고 오셨음을 시인하는 영은 다 하나님에게서 난 영입니다. 그러나 예수를 시인하지 않는 영은 다 하나님에게서 나지 않은 영입니다. (……) 이것으로 우리는 진리의 영과 미혹의 영을 알아봅니다.〉(요한1서 4장 2~3절, 6절)라고 기록되어 있습니다.

여러분을 구원하시는 것이 바로 성령님의 사역의 핵심입니다. 여러분을 하나님의 자녀로 입양시키시는 분은 성령님이십니다. 바울은 말했습니다. 「하나님의 영으로 인도함을 받는 사람은, 누구나 다 하나님의 자녀입니다. 여러분은 또다시 두려움에 빠뜨리는 종살이의 영을 받은 것이 아니라, 자녀로 삼으시는 영을 받았습니다. 그래서 우리는 그 영으로 하나님을 〈아빠, 아버지〉라고 부릅니다. 바로 그때에 그 성령이 우리의 영과 함께, 우리가 하나님의 자녀임을 증언하십니다. 자녀이면 상속자이기도 합니다. 우리가 그리스도와 함께 영광을 받으려고 그와 함께 고난을 받으면, 우리는 하나님이 정하신 상속자요, 그리스도와 더불어 공동 상속자입니다.」(로마서 8장 14~17절)

성령님께 입양되기까지

성령님께서 여러분을 내려다보실 때는 한 고아를 보고 계신 것과 같습니다. 그분은 〈내가 너를 양자 삼으리라〉 하심으로 여러분의 아버지가 되신 것입니다. 여러분 기억합니까? 도티 람보의 「성령님, 환영합니다」라는 노래를. 그녀는 영감으로 〈능치 못함이 없으신 아버지의 자비와 은혜〉를 노래했습니다. 이것은 바로 성령님을 가리킵니다.

성령님 없이 아버지께로 가까이 가는 것은 불가능합니다. 바울은 여러분에게 말합니다. 「이방 사람과 유대 사람 양쪽 모두, 그리스도를 통하여 한 성령 안에서 아버지께 나아가게 되었습니다.」(에베소서 2장 18절) 누구를 통해서입니까? 예수님을 통해서 유대인과 이방인 양쪽 모두 성령님 안에 하나님께 가까이 갈 수 있습니다.

여기 가장 흥분되는 사실 하나가 있습니다. 성령님은 여러분에게 영원한 삶을 보증하고자 보내어지신 분이라고 성경은 말하고 있습니다. 「여러분도 그리스도 안에서 진리의 말씀 곧 여러분을 구원하는 복음을 듣고서 그리스도를 믿었으므로, 약속하신 성령의 날인을 받았습니다. 이 성령은, 하나님의 소유인 우리가 완전히 구원받을 때까지 우리의 상속의 담보이시며, 우리로 하여금 하나님의 영광을 찬미하게 하십니다.」(에베소서 1장 13~14절)

의심할 것이 없습니다. 성령님은 여러분을 천국을 위해 준비시키십니다. 여러분이 그분께서 안에 계신다고 확신한다면, 여러분이 거듭났는가에 관해 절대로 의심하지 마십시오. 여러분의 본향이 천국인지 아닌지 절대로 의심하지 마십시오. 영원한 삶을 가질 것인지 절대 의심하지 마십시오.

자, 이렇게 한번 생각해 볼까요. 여러분이 한 상점에 가서 몇 가지의 옷과 구두를 집어 들었는데 돈이 충분치 않았다고 합시다. 여러분은 계산대로 가서 계약금을 내고 〈다음 주에 찾아가겠습니다〉 할 것입니다. 여러분의 이름을 계약서에 적고 여러분은 영수증을 가지고 집으로 돌아갈 것입니다. 그리고 다음 주에는 그 구입했던 것을 찾아가겠지요.

예수님께서 오셔서 하신 일과 성령님을 여러분께 보내신 일이 바로 그것과 똑같습니다. 다른 점이라고 한다면 주님은 모든 대가를 갈보리 언덕에서 일시에 지불하셨다는 것뿐입니다. 예수님께서는 이렇게 말씀하셨을 것입니다. 「내가 너희의 생명을 위해 지불했노라. 또한 그것이 내 것이라는 보증으로 계약금도 지불하리라.」 그분은 성령님을 보내셨습니다. 그리고 성령님과 함께한다면 여러분은 영광의 길을 가는 것입니다.

그리스도께서 재림하실 때 그분은 여러분을 가려내어 본향 집으로 데리고 가실 것입니다. 이 사실은 정말 큰 소리로 외쳐 댈 만한 것입니다. 여러분은 주님께서 피로 값 주시고 구입하신 소유물입니다. 그러기에 여러분은 사탄의 그 흉한 얼굴에 대고 〈내게 손대지 마, 나는 그리스도의 소유물이야!〉 하고 말할 수 있습니다. 그리고 하나님의 말씀을 전하는 것을 두려워하지 마십시오. 그 녀석을 발로 차버리십시오. 여러분으로부터 도망갈 것입니다.

여러분은 성령님을 소유하였습니다. 그분은 여러분의 기업을 위한 〈보증금〉이십니다. 왜 성령님께서 계약금으로 우리에게 주어지셨을까요? 바울은 〈그리스도께서 우리를 위하여 저주를 받은 사람이 되심으로써, 우리를 율법의 저주에서 속량해 주셨습니다. 기록된바 〈나무에 달린 자는 모두 저주를 받은 자이다〉하였기 때문입니다. 그것은, 아브라함에게 내린 복을 그리스도 예수 안에서 이방 사람에게 미치게 하시고, 우리로 하여금 믿음으로 말미암아 약속하신 성령을 받게 하시려〉(갈라디아서 3장 13~14절)고 우리를 속량하셨다는 놀라운 진리를 기록하고 있습니다.

그리스도께서 우리를 위하여 대신 저주받으셨기 때문에 약속으로 성령님을 보내신 것입니다.

여러분은 도움이 필요합니다

예수님을 구주로 영접하는 순간부터, 성령님은 여러분에게 하나님께 순종하고자 하는 소망과 크리스천으로서의 삶을 살려는 의지와 힘을 주십니다. 모든 것이 그분 없이는 불가능합니다.

사도 베드로는 〈여러분은 진리에 순종함으로 영혼을 정결하게 하여서 꾸밈없이 서로 사랑하기에 이르렀으니, 순결한 마음으로 서로 뜨겁게 사랑하십시오〉(베드로전서 1장 22절)라고 여러분에게 말합니다.

사람들이 (크리스천일지라도) 실패하는 이유는 그들이 그들 스스로의 힘에 의존하기 때문입니다. 〈내 스스로 해나갈 수 있어〉하고 말한다면 하나님께 순종할 수는 없습니다. 여러분은 〈기도해야지〉하면서도 얼마나 많이 이 다짐을 이행하지 못했습니까? 아니면 〈성경을 읽어야지〉하면서 얼마나 많이 잊어버렸습니까? 그것은 여러분이 자신의 마음에 의지했기 때문입니다. 여러분이 육신에 의지하면 여러분은 계속 실패하게 될 것입니다. 그분은 여러분에게 강건함과 생명을 주시지만, 특히 성령님은 여러분에게 정말 중요한 다른 것을 주실 것입니다. 그분은 여러분에게 휴식을 주실 것입니다. 이사야는 말했습니다.

주님의 영이 그들을, 마치 골짜기로 내려가는 가축 떼처럼, 편히 쉬게 하시지 않았던가? 주님께서 이렇게 주님의 백성을 인도하셔서, 주님의 이름을 영광스럽게 하셨습니다. (이사야 63장 14절)

복음을 전파하기 시작한 직후 나는 데이비드 뒤 플레시를 만난 적이 있습니다. 그는 성령을 소개한 사람으로 온 세계 종교 지도자들에게 〈오순절 씨Mr. Pentecost〉라고 알려져 있었습니다. 그는 최초의 성령 운동가였습니다. 온타리오주 브록빌에 있었던 한 회의에서 나는 이 기름 부으심을 받은 사람을 만나 같이 복도를 걷게 되었습니다. 나는 약간 흥분해서 그에게 물었습니다. 「뒤 플레시 씨, 어떻게 하나님을 기쁘게 할 수 있을까요?」

지금은 예수님 곁으로 간 이 노인은, 멈춰 서더니 가방을 내려놓고 내 가슴에 자기 손가락을 갖다 대고는 나를 벽으로 밀어붙였습니다. 나는 이 노약한 전도자에게 전혀 그런 것을 기대하지 않았습니다. 〈어떻게 하나님을 기쁘게 할 수 있을까요?〉라고 말한 것뿐이었는데 그는 손가락으로 나를 벽 쪽에다 밀어붙였던 것입니다. 그러고는 단 두 마디 잊히지 않는 말을 하였습니다. 「노력하지 마시오!」 그러더니 그는 작은 가방을 들고 큰 홀로 내려갔습니다.

나는 그를 향하여 소리 질렀습니다. 「저는 이해하지 못하겠는데요.」

그는 조용히 뒤돌아보며 말했습니다. 「젊은이, 그것은 당신이 할 수 있는 게 아니오. 당신 안에서 하나님께서 하실 수 있는 것이오.」 그러더니 잘 자라고 말하며 자기 방으로 갔습니다.

내가 내 방으로 들어왔을 때도 여전히 그 말은 이해할 수 없는 수수께끼 같았습니다. 나는 침대에 걸터앉아 그 말을 다시 생각하기 시작했습니다. 〈그것은 당신이 할 수 있는 게 아니오. 당신 안에서 하나님께서 하실 수 있는 것이오.〉

그 순간 나는 무엇을 기도해야 할지 몰랐습니다. 그러나 성령님께서 그 말에 대한 진리를 풀어 주시기 시작했습니다. 어떻게 하나님을 기쁘게 할 수 있을까요? 순종함으로 하시오! 노력도 마시오. 이것이 바로 〈오순절 씨〉가 말한 것입니다. 성령님께서는 그 일을 하십니다. 그것은 나의 힘이 아닙니다. 성령님의 힘이십니다. 그러지 않으면 나 자신의 공으로 자랑하게 될 것입니다.

하나님의 손길

여러분이 예수님과 대면할 때, 여러분은 〈주님, 제가 한 일을 보십시오〉라고 말하지 않을 것입니다. 〈주님, 주님께서 이 비천한 자와 같이 하신 일을 보십시오〉라고 말할 것입니다.

자, 연습해 볼까요. 여러분의 팔을 벌리고 기도합시다.

「살아 계신 하나님의 성령님, 저는 예수님을 위하여 살기 원합니다. 저의 마음을, 저의 감정을, 저의 의지를, 저의 지성을, 저의 입술을, 저의 입을, 저의 귀를, 저의 눈을 드립니다. 그것들을 하나님의 영광을 위해 사용하여 주십시오.」

내가 아침에 일어나서 그와 같은 기도를 하면, 성령 충만함이 내게 대양의 밀물과 같이 넘쳐 납니다. 나는 완전히 항복하게 되고, 하나님은 나의 사역에 사랑과 능력을 보내 주시기 시작합니다. 그리고 위대한 일을 기대할 수 있습니다.

나는 가끔, 왜 성령님께서 집회 중에 신유를 위한 기도를 그렇게 자주 하게 하시는지 의아해했습니다. 그리고 성령님의 능력 아래 사람들이 왜 쓰러지는지 의아해했습니다. 그러나 집회의 결과를 보면 성령님의 모든 나타내심에는 단 한 가지 목적이 있으니 바로 사람들을 예수님께 인도하시는 것입니다.

그것은 하나님께서 살아 계심을, 그분이 사람들의 삶 속에서 일하고 계심을 보여 주시는 것입니다. 나는 수천 명의 사람이 성령님의 능력 아래 쓰러지는 것을 보곤 합니다. 하나님의 능력이 그 많은 사람을 쓰러지게 하는 것이라고 믿습니다. 단지 전능하신 위엄의 힘을 나타내시는 것만이 아니라 사람들을 구세주께로 인도하시는 것입니다.

신유가 일어나든, 〈성령님에 의해 쓰러지는 것〉이든 이것들은 천국에 가기 위한 필수 조건이 아닙니다. 거기에는 단 하나의 문, 그리스도 주님이 계실 뿐입니다. 이 땅 위에서의 성령님의 목적을 간과하지 마십시오. 그분은 성부 하나님의 성령이시며, 성자 하나님의 성령이십니다.

나는 복음 사역을 시작하면서부터 지금까지 성령님의 능력에 대해 놀라는 것을 그쳐 본 적이 없습니다. 그분은 점잖으신 분이십니다. 그러나 그분은 막강하신 분이십니다.

> 주님께서 그 위에 입김을 부시면, 풀은 마르고 꽃은 시든다. 그렇다. 이 백성은 풀에 지나지 않는다. (이사야 40장 7절)

성령님은 연약하신 분이 아니십니다.

젊은 크리스천으로서, 새로운 사역자로서 나는 주님의 일을 뒤에 서서 지켜볼 뿐입니다. 나는 수많은 생명을 만지고 계시는 분은 내가 아니라는 것을 잘 알고 있습니다. 그것은 하나님의 주권이시며, 성령님의 운행이십니다. 나는 단지 그 경이로움을 지켜보고 있을 뿐입니다.

1975년 4월 어느 주일 저녁때와 같이 나의 삶을 놀랍게 한 일은 일찍이 없었습니다. 토론토 서부에 있는 조그만 오순절 교회로 나의 부모님이 들어오셨을 때 나는 강단에 앉아 있었습니다.

나의 심장은 거의 멎을 뻔했고, 이마에는 땀방울이 흐르는 것을 느낄 수 있었습니다. 가장 끔찍한 악몽이라도 이때와는 비교할 수 없을 것입니다. 웃기에는 너무 놀랍고, 울기에는 너무 충격적이었기에 나는 돌처럼 굳어졌습니다.

부모님은 어떻게 생각하실까?

내가 5개월간이나 설교를 해왔어도 나의 부모님은 눈치채지 못하고 계셨습니다. 그러한 소식이 알려지지 않더라도 주님으로 인한 우리 집안의 긴장 상태는 악화 일로에 있었습니다. 그러나 어느 목사가 신문에 광고 낸 것을 부모님이 보시고 그 작은 교회로 찾아오신 것이었습니다.

나는 부모님을 똑바로 쳐다볼 수가 없었습니다. 그러나 내가 설교하기 위해 입을 여는 순간 성령님의 충만하심은 교회 내에 가득 찼습니다. 그것은 아주 강한 것이었습니다. 말씀은 강물과 같이 나에게서 흘러나왔습니다. 나는 성령님께서 지시해 주시는 것을 〈듣고〉 있는 나 자신을 발견하였습니다.

설교를 마쳤을 때, 나는 치유가 필요한 자를 위해 사역해야겠다는 생각이 들었습니다. 그러나 〈아버지와 어머니는 이것에 대해 어떻게 생각하실까?〉 하는 의문이 들었습니다. 그분들은 조용히 일어나셔서 뒷문으로 걸어 나가셨습니다.

예배 후 나는 짐 포인터에게 〈짐, 기도 좀 해줘〉 하고 말했습니다. 그날 그는 나와 함께 강단에 있었으며, 모든 상황의 심각성을 잘 알고 있었습니다. 나는 피할 수 없는 충돌을 면해 보기위해 하룻밤을 그의 집에서 보낼까 하고 생각하기까지 했습니다.

그러나 그 대신, 나는 차를 몰고 토론토 거리를 정처 없이돌아다니기 시작했습니다. 〈한밤중에 집에 도착하면, 부모님은 주무시고 계시겠지〉 하고 생각한 것입니다. 새벽 2시가 넘어 집에 도착해서 조용히 차를 세웠습니다.

살금살금 계단을 올라 앞문을 살그머니 열었습니다. 안으로들어서는 순간 나는 깜짝 놀라고 말았습니다. 거기 내 앞에는아버지와 어머니가 주무시지 않고 소파에 앉아 계셨습니다.

그분들이 교회로 들어오시는 것을 보았을 때는 당황한 정도였지만, 그때와는 비교할 수 없을 만큼 긴장했습니다. 나의무릎은 떨리기 시작했고 나는 앉을 자리를 찾고 있었습니다.

그런데 아버지가 나에게 믿어지지 않는 말씀을 꺼내셨습니다.

「아들아, 어떻게 하면 우리도 너와 같이 될 수 있겠니?」

이것이 내가 들으리라고 예상이라도 했던 말인가? 바로 이분이 나의 변화에 대해 그렇게 반대하셨던 분이란 말인가? 아버지는 집 안에서 〈예수〉의 이름을 꺼내는 것조차 절대 금지하셨던 분이 아닌가?

「우리는 정말 알고 싶단다. 어떻게 하면 네가 가진 것을 우리도 가질 수 있는지 말해 다오.」 아버지는 조용히 말씀하셨습니다.

그리고 나는 아름다운 뺨으로 눈물이 흘러내리고 있는 어머니를 보았습니다. 그 순간의 기쁨은 말로 다 표현할 수가 없었습니다. 나는 울먹이기 시작했고, 다음 순간은 내게 잊을 수 없는 밤이 되었습니다. 나는 성경을 펴고, 주 예수 그리스도의 구원에 대한 지식을 부모님에게 전했습니다.

「베니, 무엇이 나를 설득했는지 아니?」 아버지는 말씀하셨습니다. 내가 교회에서 복음을 전파하기 시작했을 때 아버지는 고개를 어머니에게 돌리시며 〈저 애는 당신 아들이 아니오. 당신 아들은 저렇게 말할 수가 없소! 저 애의 하나님은 실재하심에 틀림없는 것 같소〉 하고 말씀하셨답니다. 아버지는 내가 말더듬이 증세를 완전히 치유받았다는 것을 아시지 못했던 것입니다.

부모님의 놀라운 변화는 남은 가족마저 주님 앞으로 나오게 만들었습니다. 헨리도, 막내 동생 마이크도, 크리스도 모두 구원받고 거듭나게 되었습니다. 여러분이 말하는 〈가족 구원〉이 바로 우리 집에도 일어났던 것입니다.

힌 가정은 〈지상 위의 천국〉으로 변화되었습니다. 그 변화는 일시적인 것이 아니었습니다. 성령님의 사역은 영구적입니다. 오늘날 크리스, 윌리, 헨리, 새미, 마이크는 전적으로 복음 사역에 힘쓰고 있습니다. 메리와 로즈는 성실한 크리스천이며 그들도 주님을 위해 살고 있습니다. 그리고 나, 베니는? 여러분은 어떤 일이 그에게 일어났는지를 잘 알고 있습니다.

처음 일은 처음에

성령님께서 나의 삶에 손을 대신 것처럼 나의 부모님도 그리스도께 나오셨습니다. 성령님은 여러분에게도 똑같은 일을 하시기를 원하고 계십니다. 성령님의 가장 위대한 일은 천국의 일부를 지상에 있는 여러분에게 허락하여 주시는 것이 아닙니다. 물론 그런 일도 있을 수 있지만, 그분의 목적은 사람들에게 죄를 알게 하고, 그들을 예수님께 인도하는 것입니다.

이 책을 다 읽은 여러분은 〈그것이 나를 위해서라고요! 그렇다면 성령님과 신나는 개인적 관계를 가지고 싶어요!〉라고 말할지도 모릅니다. 그러나 여러분 준비되었나요? 성령님께서 나의 방으로 들어오신 밤에 일어난 일은 첫 단계가 아니었습니다. 그것은 훨씬 이전에 시작되었습니다. 여러분은 처음 일은 처음에 시작해야 하며, 여러분의 영적 사다리를 오르는 데도 순서대로 각 단계를 거쳐야 합니다.

여러분, 그리스도에게 여러분의 마음속에 오십사 하고 한 번도 요청하지 않았다면, 지금이 바로 그 시간입니다. 그것이 거쳐야 할 가장 중요한 단계입니다. 지금 바로 하십시오. 「예수님, 저는 제가 죄인이었던 것을 고백합니다. 저는 주님께서 하나님의 아들이시며 저를 위해 귀하신 보혈을 십자가에서 흘리셨다는 것을 믿습니다. 모든 의롭지 못한 것으로부터 제 마음을 씻어 주시옵소서. 주님께서 저를 지금 구원해 주신 데 대해 감사를 드립니다. 아멘!」

여러분이 이 기도를 마음속으로 했다면 여러분은 성령님 안에서 새 삶을 시작할 준비가 되었습니다. 매일 기도하고, 하나님의 말씀을 읽고, 다른 사람들에게 하나님의 사랑을 전하면, 여러분은 하나님의 흥분되는 지시를 감지할 것입니다.

나 자신도 성령님께 완전히 의지한다는 결론에 도달하였습니다. 그분은 내가 가진 것의 전부이십니다. 그분은 여러분이 가진 것의 전부이십니다. 예수님은 그분을 약속하셨으며, 하나님은 여러분이 지식과 능력과 교통과 친교를 가질 수 있도록 그분을 보내셨습니다. 그분은 여러분에게 기름 부으실 것이며, 여러분을 도우실 것입니다. 또한 여러분에게 생기를 주실 것이며, 여러분을 안위하실 것이고, 여러분에게 안식을 주실 것이며, 여러분을 지도하시고, 인도하실 것입니다. 그리고 여러분의 기도를 도우실 것이며, 그 밖에 더 많은 일을 하실 것입니다.

성령님은 여러분의 삶을 영원히 변화시켜 여러분과 친교 나누기를 원하고 계십니다. 그러나 그분을 청하느냐 안 하느냐는 여러분에게 달려 있습니다.

내일 아침 태양이 떠오를 때, 성령님께서는 여러분이 이렇게 말씀드리는 것을 듣고 싶어 하십니다.

「안녕하세요, 성령님!」

옮긴이의 말

이 책의 편집을 맡고 여러 가지 충고를 해주신 네일 에스클린에게 진심으로 감사를 드린다. 또한 나를 위해 기도해 주신 사랑하는 어머니와 셰릴 키스트, 크리스 힌, 낸시 프리처드, 새미 힌, 진 폴리노, 그리고 이 책의 발간을 위해 애써 주신 올랜도 크리스천 센터의 직원들에게도 감사의 뜻을 전한다. 특히 끊임없는 사랑과 격려를 아끼지 않은 사랑하는 나의 아내 수전에게 고마움을 전하고 싶다.

성령님, 고맙습니다.

문학도도 아닌 제가 이 책을 끝까지 번역할 수 있도록 능력과 지혜를 주셔서 감사드립니다.

이 책이 한국의 많은 젊은이에게 읽혀져 성령님을 바로 알고, 삼위일체 하나님을 바로 이해하며 성령님께서 원하시는 일이 한국 땅에서도 속히 이루어지기를 바라시는 성령님의 생각처럼 저의 생각도 마찬가지입니다.

성령님께서 처음 저에게 감동을 주시어 이 책의 번역을 시작하게 하셨을 때는 성령님의 원하심이 너무나 간절하시기에 저는 주저 없이 시작했습니다. 하지만 성령님, 아시지요. 몇 장을 번역하기도 전에 저는 두려움에 사로잡혔습니다. 일반 서적도 아니고, 전공 서적도 아닌데, 하나님의 말씀이 담긴 책인데 제가 혹시나 잘못 번역하여 성령님의 뜻을 잘못 전달하지 않을까 하고 무척 망설였습니다. 그래서 저는 문장이 부드럽지 못하더라도 가능한 한 직역을 하려고 노력했습니다.

성령님, 용서하십시오. 저의 잘못된 번역으로 말미암아 성령님의 뜻에 어긋난 구절이 있거든 독자들이 읽을 때 성령님께서 역사하시어 독자들의 이해를 도와주시기를 바랍니다.

성령님, 감사합니다.

이 책을 번역하는 동안 저를 성령님께서 도구로 사용하신 것을 감사드립니다. 번역을 잠시 쉬고 좋아하는 운동을 즐기고자 하였을 때 저를 책망하시고 번역에 열중하게 하신 일을 저는 알고 있습니다. 제가 그 일로 당신께 얼마나 감사드렸는지도 알고 계시지요.

성령님, 아실 겁니다. 이 책이 번역 출판되기까지는 많은 사람의 도움이 필요했습니다. 이 책을 소개해 주셨으며 미묘한 구절이나 영어 찬송을 쉽게 우리말로 설명해 주신 석 전도사님, 출판사의 모든 직원 여러분, 이 책을 위해서 뒤에서 기도해 준 저의 아내와 우리 교회 성도님들께 감사를 드리고 싶습니다.

성령님, 오늘도 예수님을 위하여 살기를 원합니다. 저의 마음을, 저의 감정을, 저의 의지를, 저의 지성을, 저의 입술을 드립니다. 그것들을 하나님의 영광을 위하여 사용하여 주십시오.

안준호

목사이자 복음 전도사이며 베스트셀러 작가다. 베니 힌은 1952년 12월 3일, 이스라엘 야파에서 태어났으며, 미국 플로리다주에 있는 초교파주의 교회인 올랜도 크리스천 센터의 설립자이자 담임 목사로 활동했고, 현재는 미국 텍사스주 어빙에 본부를 두고 있는 〈베니 힌 미니스트리〉 및 〈세계 봉사 활동 센터〉의 설립자 겸 대표다. 정기적으로 열리는 그의 기적의 집회에는 미국을 비롯하여 전 세계로부터 수만 명의 사람이 모인다. 또한 그의 가르침은 TV 프로그램을 통하여 수십 개국에 방영되고 있어 수많은 사람을 성령님의 임재 가운데로 인도하고 있다. 현재 그는 미디어를 통한 선교 사역뿐 아니라 가난한 사람과 고아들을 돌보는 사역도 집중적으로 펼치는 중이다. 1991년 성령님과 그분의 임재를 어떻게 체험했는지에 관해 이야기하는 『안녕하세요, 성령님!』은 발표되자마자 미국 베스트셀러 1위로 기록되며 지금까지 1백만 부 이상이 팔렸다. 이 책은 우리가 어떻게 하면 하나님을 만날 수 있는지, 베니 힌 목사의 생생한 목소리로 증언하고 있다. 그 외 저서로는 『성령님의 기름 부으심』, 『예수님의 보혈』, 『그 능력의 근원』, 『그분이 나를 만지셨네』 등이 있다.

안수 집사. 고려대학교와 한국과학원을 졸업했으며, 과학기술처를 거쳐 30년간 국제 원자력 기구IAEA에서 선임 핵 사찰관, 기술 자문 위원 등으로 근무했다. 2010년 정년 퇴직 후 서울대학교 원자핵공학과 등에서 강의했으며, 현재 한국 원자력 통제 기술원에서 강의와 자문을 하고 있다. 지은 책으로는 『10일간의 성지 순례』, 우리말로 옮긴 종교책으로는 베니 힌 목사의 『성령님의 기름 부으심』, 캐서린 쿨먼의 삶과 설교를 모은 『하나님께 수표를 청구하셨나요?』, 샘 힌 목사의 『예배로의 부르심』, 라인하르트 본케의 『성령의 은사와 능력』 등이 있다.

지은이

베니 힌 Benny Hinn

옮긴이

안녕하세요, 성령님!

지은이 베니 힌 **옮긴이** 안준호

발행인 홍예빈 **발행처** 사람의집(열린책들) **주소** 경기도 파주시 문발로 253 파주출판도시

대표전화 031-955-4000 **팩스** 031-955-4004

홈페이지 www.openbooks.co.kr **email** webmaster@openbooks.co.kr

Copyright (C) 주식회사 열린책들, 1991, 2022, *Printed in Korea.*

ISBN 978-89-329-2285-0 03230 **발행일** 1991년 12월 25일 초판 1쇄 1995년 8월 15일 초판 27쇄 2001년 5월 20일 2판 1쇄 2006년 3월 15일 2판 14쇄 2006년 9월 30일 신판 1쇄 2021년 8월 10일 신판 21쇄 2022년 9월 15일 4판 1쇄 2025년 1월 20일 4판 2쇄

사람의집은 열린책들의 브랜드입니다.
시대의 가치는 변해도 사람의 가치는 변하지 않습니다.
사람의집은 우리가 집중해야 할 사람의 가치를 담습니다.